TUS RECETAS SIN GLUTEN

Raffaella Oppimitti

Date: 10/23/18

PALM BEACH COUNTY
LIBRARY SYSTEM
3650 Summit Boulevard
West Palm Beach, FL 33406-4198

TUS RECETAS SIN GLUTEN

recetas para comer bien
sin sacrificios

Raffaella Oppimitti

AGUILAR
· OCIO ·

Título original: *A tavola senza glutine*
Primera edición: febrero de 2015

© 2011, Il Castelo S.r.l., Milano 73-75, 12-20010 Cornaredo (Milano), Italia
© 2015, de la presente edición en castellano para todo el mundo:
Penguin Random House Grupo Editorial, S. A. U.
Travessera de Gràcia, 47-49. 08021 Barcelona

Traducción: Sara Cano

Printed in Spain - Impreso en España

ISBN: 978-84-03-51406-5
Depósito legal: B-368-2015

Impreso en Orymu Artes Gráficas, S. A. Pinto (Madrid)

AG 1 4 0 6 5

Penguin
Random House
Grupo Editorial

Índice

Intolerancia al gluten: un condicionante, no una condena

La intolerancia al gluten se manifiesta en individuos predispuestos genéticamente y se caracteriza por una hipersensibilidad permanente al gluten ligada a una alteración del sistema inmunológico: afecta al intestino, causando una inflamación crónica de la mucosa que lleva a la atrofia de los vellos intestinales, dificultando por tanto la completa absorción de las sustancias nutritivas.

Es una intolerancia permanente y crónica que dura toda la vida pero que, a diferencia de otras enfermedades crónicas, no precisa de fármacos para su tratamiento —a menudo causa de graves efectos secundarios— y no comporta la dolorosa necesidad de convivir con la idea de una degeneración progresiva.

Esta alteración puede surgir en diferentes etapas de la vida: en algunos casos aparece en el momento del destete, en otros, durante la edad adulta y en otros incluso en la tercera edad.

La aparición de la intolerancia es más frecuente entre algunos grupos de riesgo: familiares de una persona celíaca, pacientes afectados por patologías autoinmunes (diabetes insulinodependiente o tiroidismos), síndrome de Down o deficiencia selectiva de IgA.

La intolerancia al gluten no se manifiesta solo con los síntomas típicos que presentan los niños, como diarrea crónica, pérdida de peso o grave estado de malnutrición, sino con síntomas que no suelen relacionarse de manera inmediata con el intestino, como por ejemplo baja estatura, anemia, osteoporosis, epilepsia o infertilidad. Puede manifestarse también de forma subclínica, caracterizada por dolores abdominales y vientre hinchado, a menudo transitorios y erróneamente atribuidos al colon irritable.

La intolerancia al gluten no precisa medicamentos

No existen fármacos para combatir la intolerancia al gluten y, actualmente, el único tratamiento que puede garantizar un perfecto estado de salud consiste en la eliminación absoluta de la dieta habitual de todos los alimentos que contienen gluten.

Respetar una dieta exenta de gluten es indispensable para:

• lograr que los síntomas remitan, de modo que el intestino delgado recupere su morfología normal y su función absorbente de sustancias nutritivas;

• prevenir el desarrollo de posibles complicaciones vinculadas a déficits nutricionales o al estado de inflamación crónica de la mucosa y la activación del sistema inmunitario intestinal.

Alimentarse de manera consciente

Para un celíaco, los alimentos se pueden subdividir en tres grandes categorías:

• Alimentos *permitidos:* están libres de gluten de manera natural y no hay riesgo de que se contaminen.

• Alimentos que *pueden contener gluten:* podrían contener más de 20 ppm de gluten, que es el límite reconocido como cantidad de gluten tolerable para un celíaco —indica 20 partes por millón (ppm) y por lo tanto es equivalente a 20 mg por kg de producto terminado—, o bien pueden estar en riesgo de contaminación porque durante la elaboración y/o el procesamiento podrían entrar en contacto con alimentos prohibidos.

• Alimentos *prohibidos:* contienen gluten.

ETIMOLOGÍA

El término celiaquía deriva del latín *coeliacus,* que a su vez procede del griego *koliakos,* que significa «aquellos que sufren del intestino» (de *koilia,* es decir, «vientre», refiriéndose específicamente a los intestinos).

Fue un término introducido en el siglo I d. C. por el médico latino Celso.

El gluten es una proteína presente en el endospermo de la cariópside de los cereales (en la parte almidonada del grano) que se forma por la unión de la gliadina y la glutenina en presencia de agua. La gliadina contiene algunos aminoácidos que causan la intolerancia alimenticia al gluten, dado que provocan una respuesta autoinmune en el sujeto predispuesto y, por tanto, la inflamación crónica del intestino delgado (el duodeno).

Normalmente, un adulto europeo ingiere entre 15 y 20 g de gluten al día.
Un aporte diario de 100 mg de gliadina debería bastar para desencadenar la celiaquía en un sujeto predispuesto.
Hay que tener precaución, ya que el gluten puede estar presente como aditivo en los alimentos más insospechados, como por ejemplo café y té solubles, yogur de frutas, kétchup, embutidos, salsas, queso en crema, mostaza, carne precocinada, mantequilla de cacahuete, helados, turrones y chocolate.

Cereales prohibidos

El gluten se encuentra principalmente en los cereales, por lo que se deben excluir por completo de la dieta aquellos como el trigo blando y el trigo duro, el centeno, la cebada, el farro (un tipo de trigo cultivado en la antigua Roma, que actualmente se distribuye en forma de grano y de harina), el *kamut* (un tipo de trigo que contiene un alto porcentaje de gluten y que se comercializa con el nombre que se usaba en el antiguo Egipto para designar el trigo), la espelta (una variedad de farro), el triticale (un híbrido entre el trigo y la avena), y otros menos conocidos como el *bulgur* (un trigo cocido en agua, desecado y triturado, base de la cocina turca y de Oriente Medio), el *frik* (un trigo verde triturado, típico de la cocina argelina) y el *greunkern*

(conocido como trigo verde griego, es una variedad de espelta).

Cereales permitidos

La celiaquía obliga a eliminar el gluten, pero no todos los cereales, ni tampoco otras semillas, frutos o tubérculos que, sin ser cereales propiamente dichos, tienen un contenido alto de almidón.
Los cereales permitidos son el arroz, el maíz y el mijo, a los que se unen el trigo sarraceno, el sorgo, el amaranto, la quinua y la mandioca.

ARROZ Es el cereal más consumido en el mundo; al menos un tercio de la población mundial se nutre fundamentalmente de arroz.

Pertenece al género de las gramíneas y en la naturaleza existen 19 variedades distintas, aunque solo una, *Oryza sativa,* se usa en la alimentación humana. El uso alimenticio del arroz tiene un origen muy antiguo: el término con el que nosotros lo conocemos deriva de la palabra *arisi,* de la lengua tamil, y está presente en textos escritos hace 5.000 años en la India meridional. La cuna del cultivo del arroz se encuentra, por tanto, en Oriente: China, India, Japón y el Sureste Asiático. La difusión del arroz en Occidente, en cambio, es menos antigua, y se remonta probablemente a los primeros siglos de la era cristiana. En España el arroz fue introducido por los árabes en el siglo VIII, en la zona de Levante, y de ahí que Valencia sea la región arrocera por excelencia. España se considera la cuna del arroz en Europa; en el resto del continente su cultivo se popularizó en el siglo XIV, después de las terribles epidemias de peste que lo asolaron, diezmando su población. Los primeros arrozales se crearon allí donde había una mayor disponibilidad de agua para la irrigación; en el caso de España, en las marismas levantinas.

El arroz debe su valor nutritivo al elevado contenido de almidones y a que es fácil de digerir, lo que lo hace particularmente apto para la alimentación de niños, de ancianos y de quienes sufren de problemas digestivos; el arroz integral y el semiintegral agilizan el tránsito intestinal por su alto contenido en fibra; tiene un poder antifermentativo, hipotensivo, antidiarreico, refrescante y energético. Además, tiene un buen porcentaje de calorías (350 g de cada 100); proteínas vegetales (7 g de cada 100); azúcares, constituidos por almidones (80 g de cada 100); vitaminas, entre las que destacan las de los grupos B1 y B2, y sales minerales, hierro, fósforo, calcio; por el contrario, contiene poquísimas grasas.

MAÍZ El maíz es una planta herbácea de crecimiento anual denominada *Zea mays,* y en algunas regiones hispanohablantes se conoce también como choclo. Es uno de los principales recursos tanto en alimentación humana como en el sector ganadero: el maíz es un elemento casi omnipresente en todo lo que comemos, ya sea bajo formas inmediatamente reconocibles (harinas, grano), o procesado industrialmente, por ejemplo para obtener fructosa.

Los europeos entraron en contacto con este cereal por primera vez poco después del descubrimiento de América, en el interior de Cuba, donde se denominaba *maíz.* En Europa, la difusión más rápida tuvo lugar en las regiones balcánicas, que en aquel momento formaban parte del Imperio otomano. Es un cereal poco proteico, con un buen aporte de vitaminas, hierro, calcio, sodio, potasio y fósforo.

MIJO Es una planta herbácea anual, de nombre científico *Panicum miliaceum,* que pertenece a la familia de las gramíneas. Extensamente difundido desde la Antigüedad en la cuenca del Mediterráneo, siempre ha sido un cereal valorado por su sabor delicado, su versatilidad y su gran capacidad de conservación: antes de la llegada del maíz, el mijo era el cereal base de la alimentación de los pueblos mediterráneos. Hoy en día, se trata de un cereal fundamental para las poblaciones de África y Asia, si bien en Occidente su difusión es escasa, aunque en los últimos años los productores de cereales ecológicos y los fabricantes de alimentos infantiles han tratado de recuperarlo. El mijo, de hecho, está particularmente indicado para el crecimiento y, tradicionalmente, se daba a los niños pequeños. Es nutritivo, revitalizante, fácil de digerir, pobre en grasas pero con gran cantidad de proteínas, azúcares, fibras alimenticias, vitaminas —sobre todo del grupo A— y sales minerales. Al ser rico en silicio, actúa como protector natural del cabello, las uñas y la piel, y es por ello que se comercializa como complemento alimenticio para propiciar el crecimiento y la buena salud de todos los estratos queratinosos.

SORGO Es un tipo de planta herbácea anual de la familia de las gramíneas; este cereal es muy consumido sobre todo en África. Se conocen varias especies cultivadas: el sorgo común, también denominado *zahína,* del que se obtiene una harina de color amarillo claro, parecida a la de maíz, que se usa para preparar pan y galletas; y el sorgo bicolor *(Sorghum dochna),* del que se obtienen melaza, sirope, alcohol y azúcar.

TRIGO SARRACENO El trigo sarraceno, a pesar de su nombre, no es una gramíne como otros cereales, sino una planta herbácea anual de la familia de las poligonáceas. Sus granos oscuros y casi triangulares son muy ricos en almidón y proteínas, y tienen un gran contenido en lisina y triptófano, ambos aminoácidos esenciales. Es una de las mejores fuentes de proteínas vegetales, es sabroso y muy digestivo: no solo produce una agradable sensación de saciedad, gracias a que se metaboliza muy lentamente, sino que además contiene sustancias y nutrientes que refuerzan los vasos sanguíneos, contribuyendo a mantenerlos elásticos y combatiendo la arterioesclerosis.

QUINUA Planta herbácea de la familia de las quenopodiáceas, como las espinacas y la remolacha, también conocida como *trigo sagrado de los incas* o *arroz de los incas*, que se cultivaba en América central y meridional hace ya 5.000 años. Es parecida al mijo, con granos pequeños y amarillos.

Es un pseudocereal muy digestivo, con bajo contenido en almidón y azúcar; contiene muchas fibras y grasas no saturadas, así como vitaminas y oligoelementos (vitaminas del grupo B, vitamina E, fósforo, potasio, calcio y hierro). La quinua es además rica en aminoácidos, como por ejemplo la lisina. Como está recubierta por una saponina muy amarga, es necesario lavarla muy bien antes de utilizarla (se elimina fácilmente con agua).

AMARANTO Perteneciente a la familia de las amarantáceas, el amaranto también es un pseudocereal, como la quinua y el trigo sarraceno. Originario de Centroamérica, era uno de los constituyentes principales de la alimentación de las civilizaciones precolombinas. Es rico en vitaminas, sales minerales (entre las que se cuentan calcio, fósforo, magnesio y hierro), fibras, proteínas y un aminoácido esencial, como es la lisina.

MANDIOCA Arbusto originario de América meridional cuyos tubérculos, ricos en almidón, calcio, fósforo y vitamina C, se consumen solo después de una larga cocción, porque frescos contienen ácido cianhídrico, una sustancia venenosa. De los tubérculos deshidratados se extraen una harina (denominada tapioca) y una fécula que se utilizan como espesantes en la producción industrial.

Actualmente, es bastante fácil encontrar mandioca, también conocida como *yuca*, en cualquier época del año, en supermercados y tiendas especializadas en alimentos naturales: se puede cocinar como la patata, aunque tiene un sabor ligeramente más dulce.

Otros alimentos permitidos

Son alimentos permitidos las harinas derivadas de cereales y pseudocereales sin gluten. Permiten, de hecho, sustituir en muchas recetas la harina de trigo.

En las recetas sin gluten se usan ingredientes susti-
tutivos que no contengan gluten de manera natural,
como por ejemplo las harinas de maíz, arroz, soja y
trigo sarraceno. Aunque estos productos deben estar
exentos de gluten de manera natural, para evitar contaminaciones accidentales es necesario comprar harinas que especifiquen que son aptas para celíacos.

HARINA DE ARROZ Idónea para enharinar carne y pescado, espesar salsas y preparar rebozados para freír,
se puede utilizar sola o combinada con otras harinas
sin gluten para la preparación de masas blandas,
como tartas dulces y saladas, *crepes,* buñuelos y todas
aquellas recetas que deban quedar más bien líquidas
o cremosas. Tiene un sabor delicado y es muy ligera,
si bien provoca que el preparado final quede un tanto
seco, por lo que se puede mezclar con fécula de patata
o con harina de tapioca para mejorar el resultado.

HARINA DE MAÍZ Se fabrica con granos maduros y se
encuentra disponible en diversos grados de molienda. La de molienda más gruesa se utiliza para hacer
polenta; la más fina se puede usar como sustitutivo
de la harina de trigo para preparar recetas al horno;
la ultrafina se emplea principalmente en repostería.
Para preparar recetas que necesiten leudado, la harina de maíz se usa normalmente en combinación con
otras harinas, porque su poder aglutinante es escaso
y no retiene el agua con facilidad.

OTRAS HARINAS La *harina de trigo sarraceno,* que
tiende a dar una consistencia muy compacta y ligeramente pegajosa, se usa en pequeña cantidad mezclada con otras harinas para preparar pan, *pizzas* y
dulces de aspecto y sabor integrales: hace que las
masas de harina de arroz queden más suaves y se
puede mezclar con harina de maíz amarillo para preparar polenta, que de este modo resulta más sabrosa.
La *harina de amaranto* se puede usar para preparar
unas galletas deliciosas.
La *harina de tapioca* da mayor suavidad a las masas
hechas con harinas sin gluten: tiene las mismas pro-
piedades espesantes que las fécula de patata y de
maíz; se puede usar sin problemas para preparar dul-

ALIMENTOS PERMITIDOS

Son alimentos permiti-
dos porque están libres
de gluten de manera na-
tural:

- Aceites vegetales
- Agar-agar en láminas
- Amaranto en grano
- Arroz en grano
- Azafrán
- Azúcar
- Cacahuetes
- Café
- Destilados no
  aromatizados
- Fruta deshidratada
- Fruta en almíbar
- Garbanzos
- Guindilla
- Hierbas aromáticas
- Infusiones
- Jalea real
- Jamón curado
- Leche fresca
- Leche UHT
- Levadura fresca o seca
- Maíz en grano
- Mandioca
- Mantequilla
- Manzanilla
- Miel
- Mijo en grano
- Nata fresca
- Pimienta
- Polen
- Quesos curados
- Quesos frescos
- Quinua en grano
- Regaliz (raíz)
- Té
- Tomate triturado
- Tomates pelados
- Trigo sarraceno en
  grano
- Vinagre no
  aromatizado
- Vino tinto y blanco
- Yogur natural

ces, ya que evita que la masa se seque demasiado
durante la cocción.
La *harina de soja* se obtiene triturando semillas de
soja y es adecuada para incorporar a mezclas de pan,
pasta y dulces. Eso sí, se deteriora fácilmente.
La *harina de mijo* es idónea para preparar *crepes*
y como aditivo en las mezclas de pan y galletas. Al
igual que otras harinas de cereales alternativos, no se
suele usar sola porque el resultado final queda demasiado seco y quebradizo. No leuda mucho, si bien
es perfecta para hacer postres y preparar croquetas o
buñuelos, dulces o salados. Se deteriora fácilmente,
ya que se obtiene de granos enteros, ricos en grasas.
La *harina de castañas,* que deriva del triturado de
castañas secas, es muy apreciada para las recetas de
dulces al horno, buñuelos y pasteles de castaña.

ALIMENTOS QUE PUEDEN CONTENER GLUTEN

Se corre el riesgo de que contengan gluten aquellos alimentos que, aunque de base están exentos de él, contienen una cierta cantidad debido a su procesamiento, a posibles contaminaciones o a los aditivos utilizados en su preparación:

- Agar-agar en polvo o barritas
- Almidón
- Arroz de sobre o congelado
- Azúcar glas
- Batidos
- Cacao en polvo
- Café soluble
- Caldo en cubitos
- Capuchino de sobre
- Caramelos
- Chicles
- Chocolate en tableta
- Confituras
- Conservas
- Cremas
- Cremas de chocolate para untar
- *Curry*
- Decoraciones de colores para dulces
- Embutidos
- Extractos de carne
- Fécula de patata
- Fiambres
- Fibras vegetales
- Flan
- Fruta confitada
- Helado artesanal
- Helado industrial
- Jamón cocido
- Leche en polvo
- Levadura química
- Maicena
- Mantequilla *light*
- Margarina
- Mayonesa
- Mermelada
- Mostaza
- Nata UHT
- Palomitas de maíz
- Patatas fritas congeladas o de bolsa
- Polenta precocinada
- Preparados para bebidas de chocolate
- Preparados para caldo
- Puré instantáneo o congelado
- Quesos en lonchas
- Quesos para mojar o para untar
- Saborizantes
- Salsas preparadas
- Sémola
- Siropes para bebidas y granizados
- *Snacks* de bolsa
- Suplementos dietéticos
- Tacos o tortillas mexicanas
- Tapioca
- Té frío líquido o en polvo
- Vainillina
- Vinagre balsámico
- Yogur de frutas o cremosos
- Zumos de fruta

Harinas dietoterapéuticas y preparados sin gluten

Por harinas dietoterapéuticas se entienden todas aquellas harinas elaboradas por las diferentes empresas productoras de alimentos sin gluten para facilitar la preparación de productos leudados. Son una mezcla de varios tipos de harinas cuya composición varía: por lo general en la mezcla suelen estar presentes el almidón de maíz, el almidón de arroz, la fécula de patata y la tapioca. Lo que las caracteriza es la presencia de sustancias espesantes o que facilitan el leudado, por ejemplo harina de guar, harina de algarroba, leche en polvo o bicarbonato de sodio.

¿Ningún problema con estos productos, entonces? La verdad es que no: cada uno de estos ingredientes puede otorgar a la mezcla lo que todos los celíacos, pasado un tiempo, coinciden en definir como un «regusto». Variando dichas mezclas, varía también el regusto, muy definido en algunas, casi ausente en otras. Estos preparados modifican también claramente el aspecto y el resultado final de las recetas: es por ello que se recomienda experimentar con su uso.

ALIMENTOS PROHIBIDOS

Están totalmente prohibidos los alimentos que contienen gluten:

- Avena
- Besamel
- Brotes de trigo
- Cebada
- Centeno
- Cerveza
- Cuscús
- Espelta
- Farro
- *Kamut*
- Levadura natural
- Malta
- Muesli
- Palitos de cangrejo
- Salsa de soja
- Salvado
- Trigo

Comprar sin gluten

En España no existen ayudas estatales para los intolerantes al gluten, si bien se otorgan algunas ayudas a nivel autonómico:

• Navarra: desde 2006 se conceden ayudas a familias en cuyo ámbito existan uno o más celíacos. Se determina el importe de la ayuda en función de la cuantía del crédito presupuestario, del número de solicitudes y del número de enfermos celíacos por familia. La ayuda mensual nunca supera los 90 euros.

• Extremadura: se entregan lotes de productos para enfermos celíacos con escasos recursos económicos. A nivel residual, estas ayudas se dan también en Baleares, Castilla-La Mancha y la Comunidad Valenciana. Hay, sin embargo, iniciativas privadas y públicas de algunas empresas que dan ayudas a trabajadores que sufren de celiaquía o cuyos hijos son intolerantes al gluten.

Las compras mensuales

Para tener la despensa siempre bien provista de productos aptos para celíacos, conviene tener en cuenta el consumo habitual, los gustos y las preferencias personales, y evaluar cuánto se gasta a lo largo de un mes, encargando con antelación los productos en la farmacia o en tiendas especializadas.

• En la lista de la compra siempre tiene que haber dos tipos de pasta (larga y corta), dos tipos de pan (blando y tostado, biscotes), galletas (unas más secas y otras más sabrosas), preparado para empanar y harina. Dependiendo de los gustos personales, se pueden añadir también bases para preparar *pizza*, *crackers* o barritas de cereales con frutas.

• Conviene intentar calcular aproximadamente cuántas comidas y cuántas cenas se hacen en casa a lo largo de un mes y, para regularse, hacer una estimación de cuántas veces se come pasta, arroz, legumbres, etc.

• En lo que respecta al desayuno, el mejor producto desde el punto de vista del equilibrio nutricional son los biscotes: se puede intentar calcular cuántos se podrían consumir en un mes, o bien comprar galletas o pan blando, según los gustos.

• Si durante el mes se produjera algún evento particular, una cena o una fiesta, se debe recordar comprar dulces especiales, alguna galleta un poco más suculenta o una tarta para comerla en compañía.

Comprar en el supermercado y en tiendas especializadas

En los últimos años los puntos de venta exclusivos para celíacos, donde se pueden encontrar muchísimos productos, han experimentado un gran crecimiento. Y los supermercados comunes cada vez tienen más estantes reservados a estos alimentos.

Los productos sin gluten hoy en día son muy variados y de buena calidad. En las tiendas se pueden encontrar panecillos y barras de pan, barquillos para helado, galletas rellenas de mermelada, tartas, *pizzas* y platos preparados congelados: desde pasta, pasando por delicias de pescado rebozadas, canelones, filetes empanados, hasta todo tipo de dulces para las fiestas. Es importante, sin embargo, comprar productos nuevos solo después de comprobar si están recogidos en la *Lista de alimentos aptos para celíacos* que anualmente elabora la FACE (Federación de Asociaciones de Celíacos de España).

Lista de alimentos aptos para celíacos

La Federación de Asociaciones de Celíacos de España confecciona anualmente una lista en la que se recogen marcas y productos de aquellos fabricantes que han comunicado la ausencia de gluten en los mismos (conforme a los requisitos exigidos por la FACE) para facilitar su elección al consumidor, pero siempre con carácter informativo.

Esta lista se encuentra sujeta a las posibles modificaciones que el fabricante realice sobre sus productos, por lo que es conveniente leer siempre la etiqueta del producto que se adquiere, aunque figure en la lista. Para acceder a ella, es necesario ponerse en contacto con alguna de las asociaciones locales y autonómicas adscritas a la FACE (www.celiacos.org).

Leer las etiquetas

Las etiquetas que figuran en los envases de alimentos deben aportar, entre otras, estas informaciones:
• La denominación exacta del producto (por ejemplo, postre o crema de leche).
• Los ingredientes, esto es, los componentes naturales o añadidos, como pueden ser los aditivos.
• Estos últimos se señalan con el nombre o la sigla europea «E» seguida de un número, y se listan en or-

den decreciente por cantidad. Si el azúcar aparece en el primer o segundo lugar, significa que el producto es muy dulce; si en el segundo o tercer puesto figuran el aceite o la mantequilla, el producto es muy graso.
• El productor, el procesador o el distribuidor responsable de la comercialización del producto.
• La sede del establecimiento de producción o procesamiento (a veces también se indica la fecha de producción).
• El modo de conservación.
• La fecha de caducidad del producto: cuando se lee «Consumir antes de…» significa que el productor no garantiza que el producto sea comestible más allá de la fecha indicada; cuando por el contrario se lee «Consumir preferiblemente antes de…» significa que dicha fecha es la fecha mínima de conservación; de ahí en adelante empieza a disminuir la calidad nutri-

¿QUÉ ES FACE?

La Federación de Asociaciones de Celíacos de España nació en 1994, con ámbito de actuación estatal y sin fines lucrativos. FACE está integrada por 17 federaciones o asociaciones de celíacos de carácter autonómico.
El objetivo fundamental de FACE es coordinar el esfuerzo y la labor realizada por las asociaciones miembros para defender sus derechos. Las asociaciones o federaciones que integran FACE tienen como objetivos comunes:
• Ofrecer información y orientación, así como mejorar el conocimiento y la adaptación a la enfermedad y apoyar psicológicamente a afectados y familiares.
• Mantener un seguimiento constante de los avances científicos a través de reuniones periódicas con médicos, y la asistencia y participación en congresos, jornadas, etc.
• Promover la difusión del conocimiento de la celiaquía a través de los medios de comunicación y de publicaciones propias con el fin de concienciar a toda la población.
• Fomentar normativas legales que amparen al celíaco y garanticen el principio de igualdad de toda la población.

Para conseguir sus objetivos, las asociaciones y federaciones que integran FACE ofrecen los siguientes servicios:
• Elaboración anual de la *Lista de alimentos aptos para celíacos*.

• Concesión de licencias para usar el logotipo de la Espiga Barrada y la Marca de Garantía FACE.
• Servicio de asesoría para llevar correctamente una dieta sin gluten.
• Asesoramiento y organización de conferencias, congresos, simposios, etc.
• Edición y publicación de folletos y boletines, listas de alimentos y la revista *Mazorca*.
• Organización de actividades de convivencia y foros de encuentro, tanto de niños como de jóvenes y adultos, que permitan el intercambio de experiencias.
• Organización de cursos para aprender a cocinar sin gluten.
• Asesoramiento para comer fuera de casa.
• Información sobre la existencia de Asociaciones de Celíacos.

La sede de FACE se encuentra en Madrid, en la calle Francos Rodríguez 62, sótano, B, código postal 28039. Su teléfono es el 91 547 54 11 y su fax el 91 541 06 64. La *Lista de alimentos aptos para celíacos* se puede solicitar llamando al 902 82 00 07 de 10:00 a 13:00 horas de lunes a viernes, o escribiendo a info@celiacos.org. Para cualquier duda sobre productos alimenticios, el teléfono de consulta es el 91 547 25 46.

cional del producto, que sigue, sin embargo, siendo comestible.

Además, el 10 de febrero de 2009 entró en vigor el Reglamento Europeo n.41/2009, relativo a la composición y el etiquetado de los productos alimenticios aptos para las personas intolerantes al gluten.
Los contenidos más relevantes del documento están relacionados con:
• la definición y límites de los productos sin gluten;
• las materias primas permitidas para la producción de alimentos sin gluten;
• el uso de la avena en la producción de alimentos sin gluten.
A continuación se explica cada punto de manera más detallada.

DEFINICIÓN Y LÍMITES DE LOS PRODUCTOS SIN GLUTEN Respetando la decisión del *Codex Alimentarius* (un conjunto de reglas y guías reconocidas a nivel internacional elaborado por la Codex Alimentarius Commission, instituida en 1963 por la FAO y la OMS para tutelar la salud de los consumidores),

el nuevo reglamento define como «sin gluten» los productos tradicionales, esto es, aquellos cuyo contenido en gluten es inferior a 20 ppm. El Reglamento introduce en este listado elementos innovadores, otorgando la categoría de sin gluten también a productos destinados al consumidor general que, sin embargo, respeten el límite de 20 ppm e introduciendo la definición de contenido de «muy bajo en gluten» *(very low gluten)* para productos dietéticos con un contenido de gluten comprendido entre 21 y 100 ppm, reconocidos como aptos para las personas intolerantes al gluten. La tipología de producto dietético con un contenido de gluten entre 21 y 100 ppm no se había comercializado antes de 2009 en España. Los productos alimenticios que se venden en los supermercados, que hasta hoy podían probar su idoneidad en la dieta de los celíacos con la presencia del logotipo de la Espiga Barrada, podrán incluir en su etiqueta la definición explícita «sin gluten».

MATERIAS PRIMAS PERMITIDAS Desde la aprobación del Reglamento n.41/2009, en España los fabricantes

Definición dependiendo del contenido de gluten admitido

TIPO DE PRODUCTO	PRESENCIA DE GLUTEN INFERIOR A 20 PPM	CONTENIDO DE GLUTEN ENTRE 21 Y 100 PPM	PRESENCIA DE GLUTEN SUPERIOR A 100 PPM
Productos dietéticos	Sin gluten	Contenido de gluten muy bajo	No se admiten como productos dietéticos para celíacos
Productos convencionales o «para todos los consumidores»		Puede contener trazas de gluten, o bien gluten, indicado entre los ingredientes*	

Datos obtenidos de AIC (Agencia Italiana de la Celiaquía), 2009.
*Según la norma sobre alérgenos, es obligatorio informar de la presencia de gluten (o del cereal del que deriva) solo cuando este esté presente como ingrediente. De hecho, muchas empresas utilizan el lema, aunque no es obligatorio, «Puede contener trazas de gluten» para indicar una presencia potencial de gluten por una contaminación accidental.

de productos alimenticios están obligados a indicar la presencia de gluten en sus artículos. Actualmente se está trabajando en un nuevo reglamento sobre información al consumidor, que se impondrá dentro de unos años y que obligará a declarar explícitamente el gluten en el etiquetado. El de 2009 determina, sin embargo, que se pueden catalogar como «sin gluten» productos obtenidos usando materias primas derivadas de cereales prohibidos, como el almidón de trigo que se usa para el pan, siempre y cuando se garantice un contenido en gluten menor a 20 ppm en el producto final.

Uso de la avena El Reglamento aprueba también la posibilidad de usar avena pura, esto es, no contaminada por cebada, trigo u otros cereales tóxicos para el celíaco, en los productos que pueden definirse como «sin gluten» o con «muy bajo contenido en gluten».

La toxicidad de la avena ha sido ampliamente debatida en las últimas décadas, si bien pocos estudios han evaluado realmente las consecuencias de su ingestión sobre la mucosa intestinal de los celíacos.

La proteína de la avena (la avenina, que es el equivalente a la gliadina del trigo, pero que está presente en un porcentaje muy inferior a esta) puede desencadenar una reacción inmune en el intestino de los celíacos y eso ha impedido hasta el momento liberalizar el consumo de avena para ellos.

No obstante, algunas pruebas clínicas han demostrado que un consumo moderado de avena, siempre que no haya sido contaminada accidentalmente, no tiene incidencia sobre los pacientes celíacos que llevan una dieta libre de gluten, y no perjudica el estado de su mucosa intestinal.

Por el momento, el Reglamento Europeo, si bien admite que «la mayor parte, pero no la totalidad, de las personas intolerantes al gluten pueden introducir la avena en su dieta sin efectos negativos para la salud», subraya la necesidad de estudios que aclaren definitivamente la cuestión.

Es una buena medida, por tanto, evitar consumir los copos de avena que se venden en el supermercado (por el riesgo de contaminación cruzada) y limitarse a comprar productos que contengan avena marcados con un logotipo europeo oficial.

El logotipo Espiga Barrada (ELS)

En España, la FACE es una de las encargadas de otorgar el número de licencia a los productores para el uso de la Espiga Barrada, un símbolo reconocido internacionalmente por las personas que siguen una dieta sin gluten y que proporciona una referencia rápida a la hora de comprar productos adecuados. Es una marca registrada propiedad de las Asociaciones de Celíacos de Europa. Para obtener la licencia de uso del logotipo, los fabricantes deben someterse a una serie de verificaciones destinadas a manifestar su conformidad en la fabricación de alimentos aptos para el consumidor celíaco.

La Federación cuenta además con una Marca de Garantía cuyo objeto es asegurar al consumidor que los productos que la portan cumplen los niveles máximos de gluten. Dichos niveles están controlados por laboratorios acreditados. La Marca de Garantía FACE indica que un producto tiene menos de 10 ppm de gluten. La denominación «sin gluten» significa que un producto tiene menos de 20 ppm de gluten y la denominación «muy bajo en gluten», que tiene menos de 100 ppm.

Cocinar sin gluten

Se puede intentar transformar la intolerancia al gluten en una oportunidad para ampliar el abanico de sabores y hábitos, para aprender a apreciar —y a cocinar— un sinfín de platos que nunca se había imaginado que se podrían llegar a preparar.

Una gran cantidad de alimentos deliciosos sin gluten forman parte de nuestra tradición culinaria desde siempre: los arroces, las sopas, las frutas, las verduras, las recetas a base de carne o de pescado. Es cierto, y es necesario admitirlo, que el amor de la cocina mediterránea por el pan y la pasta es un tanto punitivo para los celíacos, aunque también es verdad que para muchos de estos platos existe, o se puede preparar, un sustitutivo sin gluten tan rico y sabroso como el original.

La exclusión de algunos cereales de la dieta condicionará sin duda las elecciones y los hábitos alimenticios, pero prestar más atención a lo que se come puede convertirse en una buena ocasión para instaurar y mantener principios saludables de los que todo el mundo puede obtener beneficio.

Dado que muchos alimentos, sobre todo el pan y los dulces, se pueden cocinar en casa, la celiaquía se convierte en un modo de descubrir que cocinar para uno mismo y para los demás puede resultar incluso una actividad relajante.

La importancia de una alimentación sana

Repartir los alimentos que se ingieren a lo largo del día en cinco comidas es un buen hábito: tres comidas principales, incluyendo el desayuno, y dos menos copiosas. Una alimentación bien distribuida a lo largo del día permite una mejor digestión y una mayor absorción de los alimentos consumidos: se ingiere menor cantidad de alimentos, lo que evita la sobrecarga del aparato digestivo y el sopor que se produce después de las comidas, provocado por la bajada de los niveles de azúcar en la sangre. Está demostrado que el mismo aporte calórico absorbido en un mayor número de veces permite un consumo de energía más elevado y evita la acumulación de grasas: paradójicamente, comer más a menudo ayuda a no engordar.

En lo que respecta a las calorías de la ingesta diaria, la jornada alimenticia de un niño o un adulto se debería subdividir de este modo:

- desayuno: 15%;
- a media mañana: 5%;
- comida: 40%;
- merienda: 10%;
- cena: 30%.

Del aperitivo al postre

Con un poco de perspicacia, se puede preparar un menú excelente, compuesto por los mismos platos que estarían presentes en la mesa de quienes no tienen problemas de celiaquía.

APERITIVOS Se pueden usar rebanadas de pan para celíacos ligeramente tostadas para preparar atractivos canapés sobre los que colocar daditos de queso, verduras agridulces o *mousses* de legumbres aderezadas con hierbas aromáticas, como mejorana u orégano.

Una base perfecta también pueden ser las galletas de arroz, en las que se pueden untar quesos o cremas al gusto. Y para los tentempiés se pueden usar *snacks* a base de maíz, tortillas o tacos, comprobando bien las etiquetas para verificar que no lleven otras harinas en la composición.

PRIMEROS PLATOS Los arroces con setas y verduras de temporada se pueden alternar con platos de pasta condimentados con mil salsas distintas. En las tiendas se pueden encontrar varios formatos de pasta de maíz o de arroz: macarrones, tallarines, etc. También son sustitutos válidos los cereales en grano (mijo, quinua) o pseudocereales como el trigo sarraceno, que es muy fácil de aderezar con calabaza y cebolla. La polenta de maíz se presta, además, a varias preparaciones que proporcionan un buen aporte de nutrientes.

SEGUNDOS PLATOS Vía libre a la fantasía para todos los platos de carne o pescado, con pocas cortapisas. Para empanar se puede usar un producto específico para celíacos y, si no se tiene a mano, se pueden triturar algunos colines y añadir al triturado un poco de harina de maíz. Si fuera necesario enharinar, se puede emplear harina de arroz y añadir un poco de tapioca o de fécula. Enharinando con harina de arroz se obtienen frituras menos grasientas y más ligeras.

GUARNICIONES Las verduras no presentan ningún problema, y enriquecen cualquier comida o cena. Se pueden preparar de mil maneras, pero teniendo cuidado, en caso de que se quieran hacer al horno con besamel, de preparar esta última con almidón de maíz o con fécula de patata.
Para las verduras rebozadas se puede usar harina de arroz añadiendo una cucharadita de harina de maíz para el rebozado, y se obtendrán unas verduras fritas crujientes y livianas.

FRUTA Al igual que la verdura, la fruta es perfectamente adecuada para la alimentación de las personas celíacas. Pueden presentar algún problema únicamente ciertas frutas secas, como las uvas pasas, que a veces, para que se conserven mejor, están rebozadas en harinas que contienen gluten.

DULCES Con los nuevos preparados y las mezclas de harinas a la venta en farmacias y supermercados se pueden preparar unos postres fantásticos. Harina de arroz o de maíz, mezclas preparadas para repostería, harina de castañas o de frutos secos, como la de almendras, nueces o coco, son la base de postres que no tienen nada que envidiar a los que se preparan tradicionalmente con harina de trigo.
Para hacer galletas se pueden usar mezclas bien equilibradas de harina de arroz, fécula de patata, azúcar y espesantes, como la harina de algarroba y la harina de guar.

Mezclas variadas para diferentes tipos de masas

PARA MASAS POCO LEUDADAS (MASA PARA TARTAS SALADAS, GALLETAS)

220 g de harina de arroz glutinoso*

120 g de harina de tapioca

110 g de maicena

65 g de fécula

7 g de xantano**

PARA MASAS LEUDADAS (MASA PARA DULCES)

290 g de harina de arroz

80 g de fécula

50 g de harina de tapioca

PARA EL PAN

300 g de harina de arroz

120 g de harina de tapioca

50 g de maicena

80 g de leche en polvo

8-10 g de xantano**

3 cucharaditas de sal

PARA LA PASTA AL HUEVO

250 g de maicena

150 g de fécula

100 g de harina de arroz glutinoso*

100 g de harina de tapioca

10 g de xantano**

PARA LA *PIZZA*

180 g de harina de arroz

120 g de fécula

100 g de harina de arroz glutinoso*

40 g de tapioca

* A pesar de su nombre, el arroz glutinoso no contiene gluten. Es una variedad asiática específica con una composición de almidones rica en amilopectina.
** El xantano es un polisacárido derivado del cultivo de un pequeño microorganismo llamado *Xanthomonas campestris*. Ayuda a dar consistencia a la masa, a obtener un buen leudado y a que el producto final sea más suave. Se puede comprar en la farmacia.

Recetas caseras

La pasta, el pan y las bases para *pizza* se encuentran con bastante facilidad en tiendas especializadas o en supermercados, pero también se pueden elaborar en casa usando mezclas de harinas ya confeccionadas o preparándolas en el momento. También se pueden hacer en casa dulces y tartas sin problemas, basta tomar ciertas precauciones.

Como estas harinas absorben mucha más agua que la harina de trigo, para transformar una receta convencional en una receta sin gluten conviene añadir unos cuantos mililitros más de líquido. Por ejemplo, para preparar una tarta sin alterar la cantidad de harina presente en la receta original, se debe añadir un poco más de leche que la que esté prevista en la receta, y disminuir unos 10 minutos la cocción en el horno.

Para hacer pasta con estas harinas es necesario amasar con cuidado y usar la máquina especial para estirar la masa para los tallarines, vigilando que no quede demasiado fina, porque tiende a romperse. Otros formatos de pasta se pueden obtener con máquinas tipo prensa; se encuentran en las tiendas algunas especialmente adaptadas para la elaboración de pasta para celíacos; el libro de instrucciones suele acompañarse con algunas recetas.

Para hacer pan se pueden emplear mezclas de harinas preparadas o hacerlas en el momento. Es importante no desilusionarse con los primeros experimentos, ya que amasar harinas sin gluten puede ser un poco difícil al principio y las masas resultan un tanto pegajosas. Pero si se espolvorean bien con harina de maíz la superficie de trabajo y las manos, se puede obtener una masa perfecta.

Hay que evitar también que la masa quede demasiado compacta, porque leudaría poco y mal; siempre es preferible poner a leudar una masa más blanda.

Para transformar una receta convencional para pan en una receta sin gluten, hay que recordar aumentar la cantidad de líquido, y también la de grasa (aceite, mantequilla...); así la mezcla queda menos pegajosa y más maleable. Pero cuidado: si se añade demasiada grasa la consistencia de la masa resultaría pesada. La levadura también es importante: para transformar una receta de pan convencional en una de pan sin gluten se añaden siempre al menos 5 g de levadura adicional.

Para la *pizza* y la *focaccia*, en general, se aplican las mismas reglas, pero conviene recordar que la masa debe quedar más compacta para la *pizza* y más pegajosa para la *focaccia*, que siempre resulta más blanda.

Para la preparación de panes dulces cuya masa contenga huevo, como el *brioche*, por lo general no es necesario aumentar la dosis de agua o leche respecto a la receta de partida, pues no conviene tampoco que la masa quede excesivamente blanda o líquida.

Las masas que se estiran con el rodillo, como el hojaldre o la masa quebrada, deben quedar, por el contrario, muy compactas. A una masa exenta de gluten puede que le falte un poco de elasticidad: los hojaldres que se obtienen con harinas sin gluten tienden a romperse si al estirarlos quedan demasiado finos.

Para las masas sin gluten la levadura es esencial. Puede ser natural o química. A la primera categoría pertenecen la levadura natural propiamente dicha (también llamada masa madre o masa ácida) y la levadura de cerveza (hoy en día no se obtiene usando subpro-

ELABORAR MASA MADRE

Mezclar 5 cucharadas de harina de maíz ultrafina con 10 cucharadas escasas de agua fría: verter la mezcla en un cuenco, cubrirla con un paño y dejarla a temperatura ambiente.

Durante los siguientes días, añadir más harina y agua dos veces al día. Al cabo de 4 o 5 días (dependiendo de la temperatura ambiente), la masa debería tener un olor ácidulo, indicativo de que está lista para usarse.

Se puede conservar en el frigorífico, en un recipiente cerrado, durante unos días, pero hay que tener cuidado con la formación de moho, que hace la masa madre inutilizable.

ductos de la elaboración de la cerveza, que contiene gluten de la malta de cebada y de trigo, de modo que es apta para los celíacos). A la segunda categoría pertenecen el bicarbonato de sodio, el bicarbonato de amonio y todos los preparados que contienen sustancialmente al menos uno de estos leudantes.

Las levaduras naturales necesitan tiempo para actuar, ya que con sus enzimas modifican la composición de la harina, haciendo que el producto final sea más fácil de digerir. Esto se aplica en particular a la masa madre, porque en realidad la levadura de cerveza leuda las masas solo en parte, si bien hace que las recetas sean igualmente sabrosas. La levadura química actúa rápidamente en la masa, pero no tiene la misma eficacia que la natural. También se debe utilizar el bicarbonato con moderación, porque si se dosifica mal no da buenos resultados.

Pero hay que tener cuidado: la masa madre que se encuentra en las tiendas normalmente se prepara con centeno, por lo que no es apta para celíacos y es necesario prepararla en casa con harinas apropiadas.

LOS SECRETOS DE LAS MASAS LEUDADAS Empezar trabajando la masa en un cuenco y, cuando adquiera la consistencia adecuada, seguir con las manos sobre una superficie de trabajo. La masa tenderá a pegarse a las manos, pero untándolas con aceite o enharinándolas y amasando con paciencia, comenzará a tomar forma, volviéndose más elástica y menos pegajosa.

Se puede usar levadura fresca o seca: un sobrecito de levadura seca en polvo corresponde a 40 g de levadura fresca.

Para leudar, la masa necesita un ambiente cálido y húmedo: la temperatura debería estar en torno a los 25-28 °C y, para que no se forme una corteza, se debe cubrir (no envolver) con un paño húmedo o film de cocina; si la temperatura ambiente no fuera lo bastante alta, se puede encender el horno a 40 °C, colocar en el fondo una pequeña fuente llena de agua e introducir la masa una vez apagado el horno.

Para cocer la masa el ambiente debe estar húmedo, por eso es buena idea poner en el fondo del horno una fuentecita llena de agua: de este modo, la corteza del pan resultará más gruesa y crujiente.

Una vez cocida la masa, dejarla enfriar sobre una rejilla, de modo que se seque también la parte inferior.

Pequeñas precauciones

Hay que tomar algunas precauciones en la cocina para que los productos para celíacos no se mezclen accidentalmente con otros que contienen gluten. Poniendo un poco de cuidado, la cocina puede convertirse en un lugar seguro.

Para no confundir los productos sin gluten con los convencionales, almacenarlos en un lugar distinto.

Si un paquete se ha abierto y no se ha consumido en su totalidad, conviene disponer de recipientes de uso alimentario donde guardar galletas, biscotes, pasta, pan, etc. Es recomendable que sean de colores y, sobre todo, muy distintos de aquellos en los que se guarden alimentos convencionales.

Al cocinar, empezar preparando los alimentos sin gluten, de modo que no queden trazas de alimentos que contengan productos no aptos para celíacos.

Lavarse cuidadosamente las manos y limpiar las superficies manchadas de harina, así como los recipientes y los utensilios empleados para la preparación de alimentos que contengan gluten.

Proteger con papel de horno o de aluminio las bandejas y las superficies susceptibles de entrar en contacto con productos harinosos no permitidos.

Cocer la pasta sin gluten en una olla limpia, con agua que no se haya usado para otras cocciones. Remover la pasta con una cuchara distinta de la que se usa para la pasta común, así el agua de cocción no se mezclará accidentalmente. Para no confundirlas, se pueden usar cucharas bien diferentes, quizá una muy alegre y colorida para los alimentos sin gluten.

Usar diferentes escurridores o escurrir primero la pasta sin gluten y luego la pasta común.

No reutilizar el aceite que se haya usado para freír alimentos que contengan gluten.

Usar una marca fácilmente identificable para las bolsas y los recipientes usados para la conservación de alimentos sin gluten, incluso en el frigorífico y el congelador. Se puede pegar una etiqueta o recortar un cartoncito en el que diga «sin gluten» y meterlo, por ejemplo, en bolsitas para congelar transparentes.

recetas de base y panes

besamel

**Ingredientes para
4 personas:**

500 ml de leche
50 g de mantequilla
**50 g de harina para masas
    saladas**
Nuez moscada
Sal y pimienta blanca

Tiempo de preparación:
20 minutos

Derretir la mantequilla en un cazo y añadir la harina.

Cuando la mantequilla fundida haya absorbido la harina, verter la leche caliente poco a poco.

Batir enérgicamente con unas varillas para evitar que se formen grumos.

Sazonar con una pizca de sal, una vuelta de molinillo de pimienta y un poco de nuez moscada.

Cocinar durante 10 minutos, sin dejar de remover.

crema pastelera

**Ingredientes para
4 personas:**

500 ml de leche
100 g de azúcar
**40 g de harina para masas
    dulces (o bien fécula de
    patata* o maicena*)**
5 huevos
**1 vaina de vainilla (o vainilla
    en polvo*)**

Tiempo de preparación:
20 minutos

Hervir la leche con la vainilla (sacar la vaina si se ha introducido entera) y dejar que se entibie.

Montar las yemas con el azúcar en un cuenco, añadir la harina pasándola por un tamiz y la leche hervida aromatizada.

Cocer la mezcla al baño maría (introduciendo el cacito con la crema en una olla más grande llena de agua) a fuego lento, sin dejar de remover para evitar que se forme una película en la superficie y hasta que la crema se espese y adquiera la consistencia deseada.

Se puede añadir a la crema, dependiendo del dulce que se quiera preparar, un poco de cacao* o unas almendras picadas finas.

ñoquis de patata

**Ingredientes para
4 personas:**

**100 g de harina para masas
saladas**
300 g de patatas harinosas
1 huevo
Sal

Tiempo de preparación:
35 minutos

Hervir las patatas hasta que estén bien cocidas, pelarlas y pasarlas, aún calientes, por el pasapuré, o bien echarlas en un cuenco y aplastarlas con un tenedor.

Añadir la harina, el huevo y una pizca de sal. Amasar hasta obtener una mezcla homogénea, sólida y compacta. Hacer un rollo con la masa y recubrirlo con un paño seco o introducirlo en una bolsa de plástico de uso alimentario para evitar que se seque.

Tomando un poco de masa cada vez, hacer una tira del diámetro de un pulgar y cortarla en trocitos de unos 2 cm. Colocarlos sobre una tabla de cortar o una bandeja y espolvorearlos con un poco de harina para que no se peguen.

Cocerlos en abundante agua, salada al gusto. Los ñoquis estarán hechos cuando empiecen a flotar. Se pueden colar con un escurridor clásico o con una espumadera.

pasta al huevo

**Ingredientes para
4 personas:**

**500 g de harina para masas
saladas**
8 huevos
**1 cucharada de aceite de oliva
virgen extra**
Sal

Tiempo de preparación:
15 minutos

Formar un volcán con la harina y añadir una pizca de sal. Agregar los huevos, uno a uno, y luego el aceite.

Amasar la mezcla, desplazando la harina de fuera hacia dentro, hasta obtener una consistencia blanda y homogénea.

Dejar reposar la masa unos minutos, y luego, usando un rodillo, estirarla sobre una superficie enharinada hasta obtener una lámina fina.

Cuando la lámina tenga el grosor deseado, se puede dar a la pasta la forma que se prefiera: para los tallarines, plegar la lámina sobre sí misma, casi hasta formar un rollo, y cortarla en tiras de la anchura deseada.

Disponer la pasta en una bandeja y cubrirla con un paño.

masa quebrada

**Ingredientes para
6 personas:**

**500 g de harina para masas
    dulces**
280 g de mantequilla
1 sobrecito de levadura*
120 ml de agua fría
Sal

Tiempo de preparación:
**45 minutos + 2-3 horas
    de reposo**

Mezclar la harina con una pizca de sal y medio sobrecito de levadura en un cuenco. Mezclar bien, añadiendo la mantequilla, ablandada previamente a temperatura ambiente. Añadir por último el agua muy fría, recién sacada del frigorífico.

Amasar la mezcla hasta reducirla a migas, de modo que la mantequilla se mezcle con el resto de ingredientes. Dejar reposar la masa en el frigorífico durante 2-3 horas.

Extenderla sobre una bandeja antiadherente o previamente untada con mantequilla, agujerear la masa con un tenedor y formar alrededor un borde ligeramente más alto que el resto de la lámina. Hornear a 180 °C durante 30 minutos.

Atención: la masa no debe quedar tostada. Dejarla enfriar antes de sacarla de la bandeja. Puede utilizarse para preparar tartas dulces o saladas.

pastaflora

**Ingredientes para
6 personas:**

**500 g de harina para masas
    dulces**
250 g de mantequilla
200 g de azúcar
4 huevos
1 limón
1 naranja
Sal
Vainilla en polvo*

Tiempo de preparación:
**15 minutos + 30 minutos
    de reposo**

Mezclar en un cuenco o una artesa la harina con el azúcar, una pizca de sal y la piel del limón y de la naranja rallada. Mezclar bien los ingredientes, añadir la vainilla y, por último, la mantequilla, previamente ablandada a temperatura ambiente.

Amasar la mezcla hasta reducirla a migas y hasta que toda la mantequilla quede bien mezclada con los demás ingredientes. Solo entonces añadir dos huevos enteros más dos yemas y amasar la mezcla vigorosamente.

Dejar reposar la masa en el frigorífico 30 minutos. Después, se puede utilizar para hacer galletas o como base para pasteles o tartas de fruta, crema* o mermelada*.

mini focaccias

**Ingredientes para
4 personas:**

**500 g de harina para masas
  saladas**
250 ml de agua
40 g de levadura fresca
**4 cucharadas de aceite de
  oliva virgen extra**
Azúcar
Sal fina y sal gorda

Tiempo de preparación:
**40 minutos + 30 minutos
  de leudado**

Disolver bien la levadura en medio vaso de agua templada y
añadir una pizca de azúcar. Mezclar en un cuenco grande la
harina con la levadura y añadir aceite y agua suficientes para
obtener una masa lisa y homogénea; por último, agregar sal
fina.

Con las manos ligeramente untadas de aceite, formar bolitas
con la masa, lo más parecidas posible en tamaño. Colocarlas
sobre una placa recubierta de papel de horno, aplanarlas con
la palma de la mano para darles la forma que se prefiera,
y luego agujerear la superficie con un tenedor.

Cubrir la placa con un paño húmedo y dejar leudar las
focaccias en un lugar templado hasta que doblen su volumen.

Espolvorearlas con unos cuantos granos de sal gorda.
Hornear a 200 °C durante 20-25 minutos.

Se pueden aderezar las *focaccias* añadiendo aceitunas o
romero, así como queso, atún, cebolla, tomatitos frescos
o lo que más guste.

pizza

**Ingredientes para
2 personas:**

**250 g de harina para masas
  saladas**
250 ml de agua
20 g de levadura fresca
Aceite de oliva virgen extra
Azúcar
Sal

Tiempo de preparación:
**45 minutos + 30 minutos
  de leudado**

Mezclar la harina con la levadura, que previamente se habrá
disuelto en agua templada con una pizca de azúcar.

Añadir agua, cuatro cucharadas de aceite, una pizca de sal
y amasar bien los ingredientes.

Extender la masa sobre una bandeja ligeramente untada con
aceite o sobre una hoja de papel de horno y dejarla reposar
en un lugar templado durante unos 30 minutos.

Disponer sobre la masa los ingredientes que se prefieran
y después cocinar la *pizza* en el horno precalentado a 180 °C
durante 30 minutos.

pan con nueces

**Ingredientes para
4 personas:**

500 g de harina para masas
   saladas
380 ml de agua
40 g de levadura fresca
100 g de nueces peladas
Vinagre no aromatizado
Azúcar
Sal

Tiempo de preparación:
40 minutos + 30 minutos
   de leudado

Mezclar la harina con la levadura, que previamente se habrá disuelto en agua templada con una pizca de azúcar.

Añadir el agua, una cucharada de vinagre, una pizca de sal y las nueces picadas; trabajar la mezcla hasta obtener una masa homogénea.

Con las manos ligeramente untadas de aceite, meter la masa en un molde para pan. Cubrirlo con un paño húmedo y dejar leudar en un lugar templado hasta que la masa doble su volumen.

Cocinar el pan en el horno a 200 °C durante aproximadamente 20 minutos.

pan de manzana

**Ingredientes para
4 personas:**

500 g de harina para masas
   saladas
250 ml de leche
100 g de frutos secos picados
   (al gusto: nueces, avellanas,
   almendras)
50 g de mantequilla
25 g de levadura seca de
   panadería
2 manzanas medianas
1 huevo
Sal
Canela en polvo*

Tiempo de preparación:
1 hora + 1 hora y
   10 minutos de leudado

Disponer la harina en volcán sobre la superficie de trabajo, mezclar la levadura con la leche templada y verterla en medio de la harina; trabajar los ingredientes para formar la masa.

Dejarla reposar, cubierta con un paño seco, en un lugar cálido durante 30 minutos. Volver a amasar añadiendo la mantequilla, previamente ablandada a temperatura ambiente, los frutos secos picados, el huevo, una pizca de sal y canela hasta formar una masa más consistente. Dejarla reposar, cubierta con un paño y en un lugar cálido, durante 20 minutos más.

Mientras la masa reposa, pelar las manzanas y quitarles el corazón, cortarlas en cubitos y, transcurrido el tiempo de reposo, añadirlas a la masa.

Dar forma al pan y colocarlo sobre una bandeja recubierta de papel de horno. Dibujar una cruz sobre la superficie con un cuchillo y dejar reposar 20 minutos más.

Hornear a 200 °C durante 35-40 minutos.

pan de molde

**Ingredientes para
4 personas:**

**500 g de harina para masas
   saladas**
300 ml de agua
100 g de mantequilla
10 g de levadura en polvo*
3 huevos
Leche
Sal
Azúcar

Tiempo de preparación:
**1 hora y 10 minutos +
   30 minutos de leudado**

Mezclar la harina con la levadura, una pizca de sal y otra de azúcar. Batir los huevos con dos cucharadas de leche y añadirlos a la harina, reservando aparte dos cucharadas de la mezcla; agregar la mantequilla, previamente ablandada a temperatura ambiente, y agua templada. Amasar los ingredientes hasta obtener una mezcla homogénea: si la masa queda demasiado blanda y pegajosa, se puede usar una cuchara para mezclar, preferentemente de madera.

Verter la mezcla en un molde para pan untado con aceite y enharinado, y nivelar bien la superficie con ayuda de una paleta previamente mojada en agua. Cubrir el pan con un paño o con film de cocina y dejar reposar en un lugar templado hasta que la masa doble su volumen.
Si la temperatura ambiente no fuera la adecuada, introducir la masa en el horno precalentado a 40 ºC durante unos 30 minutos, habiendo depositado previamente un recipiente lleno de agua en el fondo del horno.

Para que el pan quede bien dorado, pintar la superficie con un pincel con el huevo mezclado con leche antes reservado. Hornear el pan a 200 ºC; pasados 10 minutos, bajar la temperatura del horno a 180 ºC y cocer durante otros 40 minutos más. Verificar el punto de cocción con un palillo. Dejar enfriar el pan sobre una rejilla.

piadina

**Ingredientes para
4 personas:**

300 g de harina de arroz*
Aceite de oliva virgen extra
Sal
Bicarbonato

Tiempo de preparación:
15 minutos

Verter la harina de arroz en un cuenco hondo y añadir una cucharada de aceite, una pizca de bicarbonato y otra de sal.

Mezclar los ingredientes con un poco de agua y amasar hasta obtener una pasta cremosa.

Calentar una sartén antiadherente y verter dos cucharadas de la mezcla. Cocinar por un lado durante 3 minutos, y luego dar la vuelta a la *piadina* y proseguir la cocción durante otros 3 minutos.

Las *piadinas* se pueden comer frías o calientes, solas o rellenas.

Se pueden tomar dulces, con miel o mermelada*.

tortitas rústicas

Verter la harina de trigo sarraceno, la de quinua y la maicena en un cuenco con capacidad suficiente. Añadir la levadura, abundante ralladura de canela y de vainilla, una pizca de sal y mezclar los ingredientes.

Disponer esta mezcla formando un volcán y verter en el centro la leche de arroz, el agua, tres cucharadas de aceite y la ralladura de un limón. Mezclar los ingredientes con un tenedor y luego dejar reposar la pasta durante 10 minutos.

Calentar una sartén antiadherente suficientemente grande y echar una cucharada de aceite. Una vez caliente, verter la pasta de las tortitas con un cacito, formando entre 10 y 12 tortitas.

Cocinarlas durante 2-3 minutos, luego voltearlas y proseguir la cocción durante 2 minutos más. Las tortitas se pueden servir acompañadas de mermelada* o de miel. Si se disponen en varias capas, se puede espolvorear la última con un poco de cacao.

trenza

Verter la harina en un cuenco. Disolver la levadura en agua templada, añadir una pizca de azúcar y verterla en la harina. Mezclar y dejar reposar 10 minutos en un lugar templado.

Añadir el resto de ingredientes, dejando aparte un poco de leche. Amasar bien hasta obtener una bola lisa y homogénea.

Ponerla en un cuenco, cubrirla y dejarla reposar 45 minutos. Transcurrido este tiempo, amasar de nuevo ligeramente y dividir la masa en tres partes iguales.

Hacer un rollo de la misma longitud con cada porción de masa para formar la trenza (lo ideal es modelarla directamente sobre la bandeja del horno recubierta con papel de horno).

Pintar la superficie con las yemas de huevo batidas mezcladas con la leche reservada y espolvorear por encima perlas de azúcar.

Cocinar en el horno precalentado a 190 °C durante 20 minutos.

panecillos blancos

**Ingredientes para
4 personas:**

**600 g de harina para masas
saladas**
**1 sobrecito de levadura seca
de panadería**
1 huevo
Sal
Azúcar

Tiempo de preparación:
**45 minutos + 2 horas
de leudado**

Disolver bien el contenido del sobrecito de levadura en agua templada (aproximadamente un cuarto de vaso), añadiendo una pizca de azúcar.

En un cuenco, mezclar 500 g de harina con la levadura disuelta. Amasar añadiendo agua templada hasta obtener una mezcla homogénea. Agregar además dos cucharaditas de sal, primero una y luego otra.

Trabajar enérgicamente la mezcla para amalgamar bien los ingredientes y dejarla reposar en el cuenco en un lugar cálido, cubriéndolo con un paño, durante 35-45 minutos.

Retomar la masa, añadir 50 g de harina y agua templada para obtener una consistencia más blanda: dejarla reposar de nuevo en el cuenco tapado durante 35-45 minutos.

Retomar la masa de nuevo y añadir otros 50 g de harina y más agua templada; dar forma a los panecillos con las manos y colocarlos sobre una placa recubierta de papel de horno, o bien introducir la masa en un molde antiadherente.

Pintar la superficie de los panecillos con un huevo batido mezclado con agua, dejarlos leudar unos 30 minutos y pintarlos de nuevo con huevo y agua.

Hornear los panecillos a 220 °C durante 25-30 minutos, verificando frecuentemente el punto de cocción.

A la masa se le pueden añadir semillas (por ejemplo, de girasol, de calabaza o de lino), así como aceitunas o castañas u otros ingredientes al gusto para obtener panecillos más sabrosos.

aperitivos
y tartas
saladas

mozzarellas calientes con tomillo

**Ingredientes para
2 personas:**

50 g de harina para masas
   saladas
50 g de preparado para
   empanar*
2 huevos
1 barra de mozzarella para
   pizza
Tomillo
Aceite de oliva virgen extra
Sal

Tiempo de preparación:
25 minutos

Cortar la mozzarella en lonchas de un dedo de grosor. Cascar los huevos en un plato, añadir una pizca de sal y tomillo picadito, y batirlos con un tenedor.

Rebozar las rodajas de mozzarella en la harina y sacudirlas para eliminar el exceso. Sumergirlas en el huevo y luego pasarlas por el preparado para empanar.

Poner al fuego una sartén con un poco de aceite y, cuando esté caliente, freír las rodajas de mozzarella dorándolas por ambos lados. Servirlas bien calientes.

aperitivo de atún

**Ingredientes para
4 personas:**

80 g de atún en aceite de oliva
6 cucharadas de preparado
   para empanar*
4 cucharadas de grana padano
   rallado
2 huevos
Sal

Tiempo de preparación:
30 minutos + 50 minutos
   para enfriar

Escurrir bien el atún y desmenuzarlo con un tenedor. Verterlo en un cuenco y añadir los huevos, el preparado para empanar, el queso rallado y una pizca de sal.

Envolver la mezcla en papel de aluminio, dándole la forma de un salchichón, e introducirlo en una olla con agua hirviendo. Cocerlo durante unos 20 minutos a fuego lento.

Meterlo después en el frigorífico para que se solidifique, aún envuelto en el aluminio.

Servirlo cortado en rodajitas. El plato se puede decorar con pepinillo, aceitunas y alcaparras.

tarta salada de espinacas

**Ingredientes para
4 personas:**

**200 g de harina para masas
saladas**
500 g de espinacas
200 g de requesón
60 g de grana padano rallado
**2 cucharadas de aceite
de oliva virgen extra**
1 huevo
Sal y pimienta

Tiempo de preparación:
1 hora + 1 hora de reposo

Mezclar la harina con el aceite y una pizca de sal, y trabajar la mezcla hasta obtener una masa compacta. Formar con ella una bola y dejarla reposar durante una hora.

Cocer las espinacas al vapor, trocearlas y sofreírlas en la sartén con un chorrito de aceite.

Cuando se enfríen, añadirles el queso rallado, la yema del huevo, el requesón y, por último, la clara montada a punto de nieve, sal y pimienta al gusto.

Estirar la masa con el rodillo y formar dos discos del diámetro del molde que se vaya a usar. Colocar un disco de masa en el molde tras haberlo enharinado y untado con mantequilla.

Extender sobre este la mezcla de espinacas y requesón, nivelar bien la superficie y cubrirla con el otro disco de masa.

Hornear la tarta a 160 ºC durante 30-40 minutos.

bolitas de polenta

**Ingredientes para
4 personas:**

250 g de harina de maíz*
250 g de tomate triturado
200 g de grana padano rallado
**200 g de carne de vacuno
picada**
1 cebolla
Aceite de oliva virgen extra
Sal fina y sal gorda

Tiempo de preparación:
30 minutos

Preparar la salsa de tomate sofriendo la cebolla cortada en daditos en una cucharada de aceite. Añadir la carne picada y dorarla durante unos minutos. Agregar el tomate y una pizca de sal, y cocinar durante 20 minutos.

Para hacer la polenta, poner al fuego una olla con un litro de agua y una cucharada de sal gorda. Un poco antes de que rompa a hervir, verter la harina en forma de lluvia y dejarla cocer, removiendo a menudo, 20 minutos o hasta que la polenta adquiera una consistencia bastante sólida.

Retirar la polenta del fuego y, con una cuchara, ir extrayendo bolitas del tamaño de una nuez.

Formar una capa de bolitas en una bandeja apta para el horno, aderezarlas con la salsa de tomate y espolvorearlas con abundante queso rallado.

Formar más capas hasta agotar los ingredientes. Introducir la bandeja en el horno precalentado a 180 ºC durante unos minutos y servir bien caliente.

muffins de queso

**Ingredientes para
3 personas:**

250 g de harina para masas
    dulces
250 ml de leche
100 g de queso gruyer
50 g de mantequilla
1 huevo
1 sobrecito de levadura seca
    de panadería
Azúcar
Sal

Tiempo de preparación:
50 minutos

Mezclar en un cuenco la harina para masas dulces (la de masas saladas hace que los *muffins* queden secos y pesados), la levadura, una cucharadita de azúcar y una pizca de sal.

Batir el huevo en otro cuenco, añadir la mantequilla, previamente derretida y enfriada, e incorporar la harina alternándola con la leche.

Añadir por último el queso rallado grueso. Mezclar hasta obtener un compuesto denso y verterlo en los moldes para *muffins* previamente untados con mantequilla y enharinados.

Hornear a 180 °C durante 20 minutos hasta que los *muffins* estén dorados.

croquetas de mijo picantes

**Ingredientes para
4 personas:**

250 g de mijo*
4 cucharadas de harina para
    masas saladas
1 cebolla
1 huevo
Preparado para empanar*
Guindilla roja molida o cayena
Aceite de oliva virgen extra
Sal

Tiempo de preparación:
45 minutos

Cocer el mijo en una olla baja, con la tapa, durante aproximadamente 20 minutos, hasta que haya absorbido el agua (calcular dos partes de agua por cada parte de cereal). Dejarlo enfriar, luego añadir una cucharada de agua caliente y machacarlo con un tenedor.

Pelar la cebolla y picarla fina. Montar la clara a punto de nieve.

Añadir al mijo la cebolla, la harina, una pizca de guindilla y otra de sal. Verter también la clara y mezclar hasta obtener una pasta compacta.

Formar croquetas con esta masa, pasarlas por la yema de huevo batida y rebozarlas en el preparado para empanar.

Calentar aceite en una sartén, dorar las croquetas durante 3 minutos y luego darles la vuelta y cocinarlas otros 3 minutos, hasta que queden doradas por ambos lados.

bolas de arroz con huevo duro

**Ingredientes para
4 personas:**

350 g de arroz

120 g de guisantes
   congelados*

100 g de carne de ternera
   picada

80 g de preparado para
   empanar*

50 g de harina de arroz*

40 g de mantequilla

40 g de grana padano rallado

6 hojas de albahaca

3 huevos

1 cebolla

1 rama de apio

1 ramillete de perejil

1 sobrecito de azafrán

Aceite de oliva virgen extra

Sal y pimienta

Tiempo de preparación:
50 minutos

Poner a cocer un huevo. Picar la cebolla y pocharla en aceite con mantequilla durante 5 minutos. Añadir la carne y los guisantes y cocinar durante 5 minutos. Agregar entonces el apio, el perejil y la albahaca picados finos, salar y dejar cocer los ingredientes hasta obtener una salsa espesa.

Cocer el arroz al dente en un poco de agua con sal (el agua se debe absorber por completo). Cuando finalice la cocción, apagar el fuego y añadir la mantequilla restante, el azafrán, el queso y un huevo; remover bien.

Con las manos húmedas, sacar de la olla una pequeña cantidad de arroz para modelar una bolita del tamaño de una mandarina. Hacer un hueco en el centro e introducir en él una cucharadita de la salsa de carne y un trocito de huevo duro. Cerrar con un poco más de arroz. Enharinar las bolitas, sumergirlas en el huevo restante batido con una pizca de sal y rebozarlas en el preparado para empanar.

Freír las bolitas en aceite hirviendo y, una vez doradas, dejarlas escurrir sobre papel de cocina absorbente. Servirlas bien calientes.

canapés de crema de cebolla

**Ingredientes para
4-6 personas:**

1 kg de cebollas moradas

100 g de semillas de girasol

Semillas de hinojo

Aceite de oliva virgen extra

Salsa de tomate concentrada

Ajo

Sal

10 rebanadas de pan de molde

Tiempo de preparación:
35 minutos

Pelar las cebollas y cortarlas en tiritas finas. Sofreírlas en una sartén con aceite. Añadir un poco de agua, cubrirlas y dejar que se pochen.

Al final de la cocción, agregar 2-3 cucharadas de salsa de tomate, un pellizco de sal, otro de semillas de hinojo y las semillas de girasol, previamente tostadas en una sartén aparte.

Echar la mezcla en el vaso de la batidora y triturarla para obtener una crema espesa y con cuerpo.

Preparar los canapés tostando las rebanadas de pan de molde, mejor si el pan tiene un par de días y no está demasiado blando. Cortar el pan en cuadraditos y disponerlos sobre un plato untados con la crema de cebolla.

palitos de queso

**Ingredientes para
4 personas:**

250 g de masa de hojaldre
100 g de grana padano rallado
15 ml de leche
2 huevos
Harina para masas saladas
Sal gorda
Semillas de sésamo
   y de amapola

Tiempo de preparación:
25 minutos

Extender la masa de hojaldre sobre una superficie
enharinada, batir un huevo y untarlo sobre la masa.

Espolvorear el queso rallado sobre la mitad de la superficie
del hojaldre y plegar la otra mitad sobre esta. Ejercer presión
con ayuda de un rodillo.

Cortar el hojaldre en tiritas, enrollarlas en espiral y
disponerlas en una bandeja recubierta de papel de horno.
Mezclar la yema del otro huevo con la leche y pintar los
palitos. Espolvorearlos con sal gorda, semillas de sésamo o
de amapola, al gusto.

Cocinarlos en el horno precalentado a 180 ºC, con el
ventilador encendido, durante aproximadamente 10 minutos:
deben quedar bien dorados.

mini focaccias de patata con verduras

**Ingredientes para
3 personas:**

250 g de harina para masas
   saladas
150 g de berenjenas
   y calabacines asados
   en conserva
150 g de tomatitos
150 g de mozzarella
2 patatas hervidas
100 ml de leche
10 g de levadura seca de
   panadería
Aceite de oliva virgen extra
Orégano
Sal y pimienta

Tiempo de preparación:
35 minutos + 1 hora
   y 15 minutos de leudado

Disolver la levadura en la leche, añadir la harina, dos
cucharadas de aceite y las patatas pasadas por el pasapuré.
Amasar los ingredientes hasta obtener una mezcla homogénea.

Dar a la masa forma de bola y dejarla leudar cubierta con un
paño en un lugar templado durante al menos 1 hora.

Mientras tanto, colocar los tomatitos en una fuente,
condimentarlos con aceite, sal, pimienta y orégano,
y hornearlos durante 15 minutos a 180 ºC.

Cortar la mozzarella en cubitos y dejarla escurrir sobre papel
de cocina absorbente.

Estirar la masa sobre la superficie de trabajo
y formar *focaccias* de 8-10 cm de diámetro.
Colocarlas en una fuente de horno
y dejarlas leudar 15 minutos.

Cocer las *focaccias* en el horno
precalentado a 190 ºC durante 15 minutos.

Sacarlas y repartir por encima la
mozzarella y las verduras. Hornearlas
5 minutos más y servirlas calientes.

buñuelos de trigo sarraceno y espinacas

Ingredientes para 6 personas:

300 g de harina de trigo sarraceno*
150 g de harina para masas saladas
150 g de espinacas
100 g de mozzarella
100 g de emmental
Aceite de oliva virgen extra
Sal

Tiempo de preparación:
30 minutos + 2 horas de reposo

Lavar y hervir las espinacas, y luego picarlas muy finas.

Cortar la mozzarella y el emmental en trocitos pequeños y añadirlos a las espinacas, mezclando bien.

Mezclar las dos harinas y preparar una masa con agua y sal. Recubrirla con un paño y dejarla reposar durante 2 horas.

Añadir a la masa el queso con las espinacas y mezclar con cuidado.

Ir echando cucharadas de la mezcla en una sartén antiadherente con aceite bien caliente.

Dorar los buñuelos por ambos lados y servirlos calientes.

buñuelos de quinua e hinojo

Ingredientes para 4 personas:

200 g de quinua*
100 g de aceitunas verdes sin hueso
30 g de harina para masas saladas
1 huevo
1 hinojo
Aceite de oliva virgen extra
Perejil
Sal y pimienta

Tiempo de preparación:
50 minutos

Lavar el hinojo y cortarlo en daditos.

Poner la quinua en un colador de malla fina y lavarla con agua corriente.

Echar la quinua en una olla con el doble de volumen de agua que de cereal. Agregar el hinojo, salar y cocer durante 20-25 minutos; luego, dejar que se entibie.

Picar las aceitunas y unas ramitas de perejil y añadirlos a la quinua. Incorporar también el huevo batido y la harina, y salpimentar lo que haga falta.

Calentar aceite en una sartén antiadherente e ir vertiendo cucharadas de la mezcla.

Freír los buñuelos unos minutos por un lado, y luego darles la vuelta y proseguir la cocción hasta que ambos lados estén dorados. Dejar escurrir los buñuelos sobre papel de cocina absorbente y servirlos calientes.

saquitos de sabayón salado

**Ingredientes para
4 personas:**

100 g de calabaza
100 g de ramitos de coliflor
80 g de harina para masas
    saladas
30 g de queso de oveja curado
    rallado
5 huevos
1 vaso de leche
1 calabacín
Cebollino
Mejorana
Mantequilla
Aceite de oliva virgen extra
Sal

Tiempo de preparación:
1 hora + 1 hora de reposo

Echar la harina en un cuenco y cascar un huevo en el centro. Remover con unas varillas y añadir leche hasta obtener una crema fluida; dejarla reposar una hora.

Cortar la calabaza y el calabacín en daditos, separar los ramitos de la coliflor, lavar las verduras y secarlas.

Poner a cocer las verduras en una olla con agua y aceite durante 15 minutos; dejar que se entibien, añadir el queso de oveja rallado y remover.

Cuando la mezcla haya reposado, preparar unas *crepes* en una sartén antiadherente de unos 18-20 cm de diámetro en la que previamente se habrá derretido un poco de mantequilla.

Disponer en el centro de cada *crepe* una cucharada de verduras, formar un saquito y cerrarlo con dos tallitos de cebollino. Colocar los saquitos en una fuente para horno y conservarlos calientes.

Preparar el sabayón vertiendo en un cuenco cuatro yemas, una pizca de sal y medio vaso de agua. Introducir el cuenco en una olla llena de agua para cocinar la mezcla al baño maría hasta que quede hinchada y espumosa.

Ya fuera del fuego, incorporarle poco a poco, en un hilito, cuatro cucharadas de aceite, sin dejar de batir con las varillas.

Verter en cada plato una capa de sabayón y poner sobre ella un saquito, decorando el conjunto con hojas de mejorana.

gratén de mijo con boletus

**Ingredientes para
3-4 personas:**

200 g de mijo*
50 g de grana padano rallado
30 g de boletus deshidratados
2 patatas
Mantequilla
Sal

Para la besamel:
500 ml de leche
50 g de mantequilla
50 g de harina para masas
   saladas
Nuez moscada
Sal y pimienta blanca

Tiempo de preparación:
1 hora y 20 minutos

Poner a remojar las setas en un cuenco. Luego, transferirlas a una olla con parte del agua de remojo, añadir el mijo y casi el doble de agua que el volumen del cereal. Salar y cocinar durante 20 minutos.

Lavar las patatas y hervirlas con la piel en agua salada durante 8-10 minutos, de modo que no queden completamente cocidas y estén enteras y compactas. Pelarlas y cortarlas en rodajas finas.

Untar con mantequilla una fuente para horno y disponer en ella una capa de rodajas de patata.

Para hacer la besamel, derretir la mantequilla en un cazo, añadir la harina e incorporar la leche caliente poco a poco. Añadir una pizca de sal, una vuelta de molinillo de pimienta y un poquito de nuez moscada; cocer la besamel 10 minutos sin dejar de remover.

Añadirle al mijo la besamel y la mitad del queso. Remover bien y repartir la mezcla sobre las patatas.

Cubrir con otra capa de patatas y espolvorear por encima el queso restante.

Distribuir sobre la superficie unos trocitos de mantequilla y cocer en el horno precalentado a 200 °C durante 15 minutos.

mini pizzas rápidas de polenta

**Ingredientes para
4 personas:**

250 g de harina de maíz*
**250 g de salsa de tomate
   concentrada**
125 g de mozzarella
100 g de jamón curado
Orégano
Aceite de oliva virgen extra
Sal fina y sal gorda

Tiempo de preparación:
30 minutos

Para preparar la polenta, poner al fuego una olla con un litro de agua y una cucharada de sal gorda. Poco antes de que el agua rompa a hervir, verter la harina en forma de lluvia y cocerla, removiendo a menudo, durante 20 minutos, hasta que la polenta adquiera una consistencia bastante sólida.

Apartar la polenta del fuego, verterla sobre una tabla de cortar y dejarla enfriar.

Cortar la mozzarella en lonchitas. Verter la salsa de tomate concentrada en un cuenco, añadir una pizca de sal, una cucharadita de orégano, un poco de aceite y remover.

Cuando la polenta esté fría, cortarla en lonchas de aproximadamente 1 cm de grosor.

Disponerlas en una fuente para horno y repartir por encima la salsa de tomate y la mozzarella.

Hornear durante 10 minutos en el horno precalentado a 200 ºC.

Sacar las mini *pizzas* del horno y, antes de servirlas, repartir sobre ellas el jamón.

tostas de huevos revueltos

**Ingredientes para
2 personas:**

8 rebanadas de pan de molde
4 huevos
3 cucharadas de leche
Aceite de oliva virgen extra
Sal
Pimienta

Tiempo de preparación:
30 minutos

Freír las rebanadas de pan en aceite.

Cascar los huevos en un cazo.

Batirlos con las varillas, incorporándoles poco a poco medio vaso de aceite, la leche, sal y pimienta.

Cocinar a fuego medio sin dejar de remover, con cuidado de girar las varillas siempre hacia el mismo lado.

Apartar el cazo del fuego cuando la mezcla empiece a cuajarse y extenderla sobre las rebanadas de pan.

albóndigas de mijo, zanahoria y cúrcuma

**Ingredientes para
4 personas:**

200 g de mijo*
**150 g de harina para masas
    saladas**
3 zanahorias
1 cebolla
Preparado para empanar*
Cúrcuma
Perejil picado
Aceite de oliva virgen extra
Sal

Tiempo de preparación:
1 hora

Disolver en medio litro de agua caliente la cúrcuma con una pizca de sal. Mientras tanto, tostar el mijo unos minutos en una olla con un chorrito de aceite.

Verter el mijo en el agua con la de nata, llevar a ebullición y cocinarlo a fuego lento 15 minutos con la olla tapada.

Apagar el fuego y dejar reposar unos minutos, sin remover.

Hervir las zanahorias en abundante agua hasta que queden muy blandas. Pelar la cebolla, cortarla en tiras finas y sofreírla en un poco de aceite.

Añadir a la cebolla las zanahorias cortadas en rodajitas muy finas, un poco de sal y un poco de agua, y cocinar todo junto durante unos 15 minutos.

Remover, agregar el mijo e incorporar el perejil y la harina para obtener una masa consistente.

Dar forma a las albóndigas, pasarlas por el preparado para empanar y freírlas en la sartén con un poco de aceite 2-3 minutos por cada lado, hasta que queden doradas y crujientes. Servirlas calientes.

ensalada de trigo sarraceno

**Ingredientes para
2 personas:**

200 g de trigo sarraceno*
100 g de champiñones
2 pimientos rojos
2 calabacines
1 zanahoria
Aceite de oliva virgen extra
Mejorana
Albahaca
Sal

Tiempo de preparación:
35 minutos

Hervir el trigo sarraceno durante 10-11 minutos. Escurrirlo y dejarlo enfriar.

Hervir los calabacines en agua con sal durante unos minutos. Escurrirlos cuando aún estén firmes y cortarlos en rodajitas finas.

Hervir también los pimientos, después de lavarlos y cortarlos por la mitad.

Rallar la zanahoria y cortar los champiñones en láminas finas.

Mezclar el trigo sarraceno con el calabacín, el pimiento troceadito, la zanahoria y los champiñones. Remover con cuidado, añadiendo una cucharada de aceite, unas hojitas de mejorana y un poco de albahaca fresca, y conservar la ensalada en el frigorífico hasta el momento de servirla.

tortillas mexicanas con pollo, verduras y judías

**Ingredientes para
2 personas:**

50 g de pechuga de pollo
50 g de queso en crema*
30 g de pepino
20 g de zanahoria
250 g de harina de maíz*
1 tomate
1 cebolleta
1 cogollo de lechuga
Judías blancas en conserva
Aceite de oliva virgen extra
1 limón
Sal y pimienta

Tiempo de preparación:
40 minutos

Hervir el pollo en agua con sal durante 15 minutos, escurrirlo y cortarlo en filetes.

Lavar y secar las verduras. Cortar la zanahoria en tiritas. Pelar el pepino y cortarlo en daditos muy pequeños.

Cortar en rodajitas la cebolleta y el tomate, y picar la lechuga fina.

Disponer las verduras y las judías bien escurridas en un cuenco, y aderezarlas con aceite, sal, pimienta y un poco de zumo de limón; luego agregar el pollo y remover.

Para preparar las tortillas, mezclar la harina y un pellizco de sal en un cuenco. Añadir poco a poco un vaso de agua y mezclar. Amasar hasta obtener una pasta blanda y bien compacta.

Formar con la masa tantas bolitas como tortillas se quieran hacer. Cubrirlas para evitar que se sequen.

Aplanar una bolita de masa, colocarla entre dos hojas de papel de horno y luego pasar por encima el rodillo para formar una tortilla bastante fina. Hacer lo mismo con todas las bolitas.

Cocinar las tortillas en una sartén bien caliente, sin untarla previamente con aceite, durante 30 segundos. Dar la vuelta a la tortilla y ejercer presión con una espátula para que no se formen burbujitas. Darle la vuelta de nuevo y cocinarla durante un minuto más para que quede bien dorada.

Envolverla en papel de aluminio para mantenerla caliente mientras se cocinan las demás tortillas.

Para servir, untar las tortillas con queso y rellenarlas con el pollo y las verduras. Luego, enrollarlas sobre sí mismas y ya están listas.

canapés de trigo sarraceno con speck y queso fontina

Ingredientes para 6 personas:

350 g de harina de trigo sarraceno*
150 g de harina de maíz*
300 g de *speck**
200 g de queso fontina
Sal

Tiempo de preparación:
45 minutos

Preparar una polenta vertiendo 3 litros de agua con sal en una olla grande y ponerla a hervir. Añadir las harinas, previamente mezcladas.

Cuando la polenta tome cuerpo, agregar agua con sal para evitar que se seque antes de terminar la cocción.

La polenta debe secarse por evaporación después de haber absorbido toda el agua inicial necesaria.

Cuando esté lista, extenderla sobre la superficie de trabajo, tratando de formar una capa homogénea de unos 2 cm de altura, y dejarla enfriar. Cortar la polenta en cuadrados iguales, de unos 4 x 4 cm, y preparar los canapés. Cortar el queso en trozos más o menos del tamaño de los canapés y colocarlos encima, luego poner una lonchita de *speck* sobre cada canapé.

Calentar los canapés en el horno a 200 °C durante 5 minutos antes de servir.

canapés de redondo de atún

Ingredientes para 4 personas:

250 g de atún en aceite
45 g de preparado para empanar*
30 g de grana padano rallado
15 g de alcaparras en salazón
4 aceitunas verdes
2 huevos
2 anchoas en salazón
1 patata
Perejil picado

Tiempo de preparación:
40 minutos + 3 horas para enfriar

Cocer la patata, pelarla y machacarla con el tenedor. Lavar las anchoas y filetearlas. Enjuagar bien las alcaparras.

Echar en un cuenco el atún escurrido, los huevos, el preparado para empanar, el queso, la patata y dos cucharadas de perejil picado. Triturar las alcaparras y las anchoas en la batidora, desmenuzar las aceitunas con el cuchillo y mezclar todo.

Mezclar bien los ingredientes y luego dividir la pasta en dos partes. Envolver cada porción en papel de horno, dándoles forma de cilindro. Atar bien los extremos e introducir los dos cilindros en una olla con agua. Poner a hervir el agua y dejar cocer los redondos de atún durante 20 minutos.

Sacarlos del agua y, una vez fríos, introducirlos en el frigorífico, sin quitarles el envoltorio, durante 3 horas.

En el momento de servir, cortar los redondos en rodajas de 1,5 cm de grosor y disponerlos sobre una bandeja.

albóndigas de quinua, gambas y calabacín

**Ingredientes para
4 personas:**

200 g de quinua*
200 g de gambas peladas
100 g de queso de oveja
2 huevos
3 calabacines
Preparado para empanar*
Mejorana
Aceite de oliva virgen extra
Sal

Tiempo de preparación:
50 minutos

Lavar bien la quinua y echarla en un cacito con agua fría: la cantidad de agua debe ser el doble que la de quinua. Añadir un poco de sal y cocer a fuego medio durante 10 minutos.

Apagar el fuego y dejar reposar durante 5 minutos; la quinua está cocida cuando se ve el germen blanco del interior.

Rallar los calabacines, aderezarlos con aceite y sal, y mezclarlos con la quinua. Escaldar las gambas en agua con sal, trocearlas y añadirlas a la mezcla.

Batir los huevos con el queso de oveja rallado y unas hojas de mejorana. Incorporarlos a la mezcla anterior y añadir una cantidad suficiente de preparado para empanar que permita trabajar la mezcla fácilmente.

Con las manos húmedas, dar forma a las albóndigas y disponerlas sobre una bandeja recubierta con papel de horno. Rociarlas con aceite de oliva virgen extra y hornearlas a 180 °C durante 15-20 minutos, hasta que queden doradas.

rollitos de queso tierno y cebolleta

**Ingredientes para
4 personas:**

400 g de filetes de falda
    de ternera
200 g de queso de oveja tierno
120 g de preparado para
    empanar*
40 g de piñones
8 cebolletas finas
1 diente de ajo
Vino blanco
Tomillo
Aceite de oliva virgen extra
Sal

Tiempo de preparación:
30 minutos

Cortar los filetes de ternera en tiras a lo largo y golpearlas para que queden finas.

Dorar en aceite el ajo picado fino junto con la mitad de los piñones y el preparado para empanar. Añadir una pizca de sal y cocinar a fuego lento.

Apartar del fuego, incorporar el queso tierno troceado y remover bien los ingredientes hasta obtener una crema.

Distribuir la mezcla sobre las tiras de carne, enrollarlas y sujetarlas con palillos de madera.

Dorar los rollitos en cuatro cucharadas de aceite y luego verter medio vaso de vino blanco y dejar que se evapore el alcohol.

Añadir las cebolletas cortadas en cuadraditos y los piñones restantes, y cocinar todo junto durante 20 minutos, añadiendo un poco de agua solo si fuera necesario. Salar y aromatizar con una cucharadita de tomillo picado.

canapés de pomelo gratinados

**Ingredientes para
4 personas:**

**100 g de grana padano rallado
6 rebanadas de pan de molde
6 lonchas de jamón cocido*
1 pomelo
1 huevo
Nata
Mantequilla**

Tiempo de preparación:
30 minutos

Untar con mantequilla las rebanadas de pan y colocarlas sobre una placa de horno. Cortar el pomelo en rodajitas muy finas, sin quitarle la piel, y extraer las seis rodajas centrales.

Colocar sobre cada rebanada de pan una rodaja de pomelo, una loncha de jamón y, sobre esta, otra rodaja de pomelo.

Verter en un cuenco un vaso de nata, añadir la yema del huevo y el queso rallado, y mezclar los ingredientes hasta obtener una crema homogénea.

Distribuir la crema sobre las rodajas de pomelo y hornear las rebanadas de pan en el horno precalentado a 220 °C. Gratinarlas con el grill durante 3 minutos.

Sacar las rebanadas de pan del horno, cortarlas por la mitad para obtener triángulos y servirlas inmediatamente.

albóndigas de amaranto con jamón

**Ingredientes para
3 personas:**

**280 g de amaranto*
1 patata
1 loncha de jamón cocido*
    bastante gruesa
Albahaca
Pimentón
Nuez moscada
Preparado para empanar*
Aceite de oliva virgen extra
Sal**

Tiempo de preparación:
40 minutos

Echar el amaranto en una olla con 400 ml de agua y una pizca de sal, y cocerlo durante 15-20 minutos, hasta que haya absorbido toda el agua.

Dejarlo enfriar y añadir una cucharadita de albahaca picada, una pizca de pimentón y otra de nuez moscada.

Cocer la patata al vapor y machacarla con un tenedor.

Cortar la loncha de jamón cocido en dados muy pequeños.

Mezclar la patata y el jamón con el amaranto y remover bien.

Dar forma a las albóndigas con las manos y rebozarlas en el preparado para empanar.

Verter un poco de aceite en una sartén antiadherente y freír las albóndigas, dándoles la vuelta para dorarlas por todas partes.

Servirlas calientes.

pastel salado de crepes de quinua

**Ingredientes para
4 personas:**

750 ml de leche
700 g de tomate triturado
500 g de acelgas
125 g de harina de quinua*
80 g de harina de garbanzos
80 g de tapioca*
70 g de mantequilla
3 huevos
1 cebolla
6 hojas de albahaca fresca
Aceite de oliva virgen extra
Sal y pimienta

Tiempo de preparación:
1 hora + 30 minutos de reposo

Mezclar la harina de quinua con 250 ml de leche y una cucharadita de sal; incorporar los tres huevos ligeramente batidos y una cucharada de aceite; dejar reposar media hora.

Calentar una sartén antiadherente de 22 cm de diámetro, untarla con mantequilla derretida y verter una porción de pasta suficiente para que cubra el fondo de la sartén.

Cocinar la *crepe* por ambos lados a fuego medio. Depositarla sobre papel de cocina absorbente y preparar las demás *crepes* de la misma manera.

Limpiar las acelgas y cocerlas en agua con sal; escurrirlas bien y picarlas finitas. Sofreírlas en 10 g de mantequilla.

Picar la cebolla y dorarla en 10 g de mantequilla. Añadir el tomate triturado, la albahaca, sal y pimienta, y cocinar a fuego medio durante 10 minutos.

Derretir 50 g de mantequilla en una sartén honda y añadir la harina de garbanzos y la tapioca. Salar y verter poco a poco 500 ml de leche hirviendo, removiendo hasta obtener una besamel homogénea.

Cuando todas las *crepes* estén hechas, recortar de ellas cuadrados de 20 x 20 cm.

Cubrir con papel de horno una fuente cuadrada de 20 cm de lado y bordes altos. Disponer en el fondo una *crepe*, untarla con la besamel y repartir por encima una cucharada de acelgas y dos de salsa de tomate.

Seguir alternando capas de ingredientes en este orden.

Hornear el pastel a 180 °C durante 20 minutos.

Servirlo acompañado de la salsa de tomate restante.

tarta salada de requesón y tomatitos

**Ingredientes para
4 personas:**

250 g de masa quebrada
250 g de requesón
300 g de tomates *cherry*
80 g de queso de oveja rallado
3 huevos
Tomillo
Orégano
Sal y pimienta

Tiempo de preparación:
50 minutos

Escurrir el requesón y verterlo en un cuenco. Trabajarlo con un tenedor hasta ablandarlo y entonces añadir los huevos de uno en uno, el queso rallado, una pizca de sal, una pizca de pimienta y un poco de tomillo.

Extender la masa quebrada y colocarla en un molde para *quiche* cubierto con papel de horno. Agujerear el fondo con un tenedor y verter la mezcla de requesón, nivelando la superficie con el dorso de una cuchara.

Lavar los tomates, secarlos y cortarlos por la mitad. Colocarlos sobre la mezcla con la parte cortada hacia arriba. Aderezar con orégano, sal y un chorrito de aceite.

Cocinar la tarta en el horno precalentado a 180 °C durante 35 minutos.

Dejar que se entibie durante 10 minutos antes de servirla.

pastel de tapioca

**Ingredientes para
2 personas:**

200 g de tapioca*
100 g de grana padano rallado
30 ml de leche
15 g de margarina
1 zanahoria
Comino
Sal y pimienta

Tiempo de preparación:
40 minutos

Pelar la zanahoria, cortarla en rodajitas y cocerla en un poco de agua. Escurrirla y reservarla.

Mezclar la tapioca con la leche en un cuenco y agregar la margarina y unos 80 g de queso rallado. Remover para integrar los ingredientes.

Añadir las rodajitas de zanahoria.

Untar de aceite o mantequilla una fuente de horno y verter la mezcla obtenida. Espolvorearla con el queso restante y distribuir por la superficie unas semillas de comino.

Introducir la bandeja en el horno unos minutos, hasta que el queso se funda.

focaccia de trigo sarraceno

**Ingredientes para
4 personas:**

**250 g de harina de trigo
   sarraceno***
**250 g de harina de maíz*
   o de arroz***
**10 g de levadura seca de
   panadería**
Aceite de oliva virgen extra
Sal

Tiempo de preparación:
**40 minutos + 2 horas
   de leudado**

Mezclar en un cuenco hondo las dos harinas y la levadura.

Añadir cuatro cucharadas de aceite y un poco de agua y amasar hasta obtener una mezcla bastante consistente.

Cubrirla y dejarla leudar en un lugar templado durante al menos 2 horas.

Retomar la masa y estirarla sobre una fuente para horno untada con aceite o mantequilla.

Cocer la *focaccia* en el horno precalentado a 200 ºC durante 20-30 minutos.

Se puede aromatizar con romero picadito.

mini focaccias rústicas con sésamo

**Ingredientes para
4 personas:**

**500 g de harina para masas
   saladas**
250 ml de agua
40 g de levadura fresca
1 huevo
**2 cucharadas de semillas
   de sésamo**
**4 cucharadas de aceite
   de oliva virgen extra**
Azúcar
Sal

Tiempo de preparación:
**30 minutos + 3 horas
   de leudado**

Mezclar la harina con la levadura, previamente disuelta en medio vaso de agua templada al que se habrá añadido una pizca de azúcar. Agregar aceite y agua suficientes para obtener una masa lisa y homogénea.

Incorporar en la masa sal y semillas de sésamo (reservar algunas para decorar).

Con las manos ligeramente untadas de aceite, formar una hogaza y dejarla leudar en un lugar templado hasta que doble su volumen.

Amasar de nuevo y modelar pequeñas *focaccias* tomando porciones de la masa. Disponerlas en una bandeja untada con aceite.

Pintar la superficie de las mini *focaccias* con huevo batido y espolvorear por encima semillas de sésamo.

Cocerlas en el horno a 220 ºC durante unos 12 minutos.

focaccia de queso y calabacín

Ingredientes para
4 personas:

200 ml de leche
150 g de queso fresco
300 g de harina para masas
    saladas
3 huevos
2 calabacines
80 ml de aceite de oliva virgen
    extra
25 g de maicena*
15 g de levadura fresca
Azúcar
Sal

Tiempo de preparación:
30 minutos

Mezclar la harina con la maicena en un cuenco y añadir dos huevos enteros y una yema, una cucharadita de sal y el aceite.

Templar la leche y disolver la levadura en ella. Añadir la punta de una cucharadita de azúcar, remover e incorporar la leche a la mezcla previamente preparada.

Remover con cuidado hasta que la mezcla adquiera la consistencia de una crema.

Cortar los calabacines en rodajitas finas y el queso en cubitos; añadirlos a la mezcla.

Recubrir una bandeja con papel de horno y verter la mezcla en ella.

Cocer en el horno precalentado a 150 °C durante aproximadamente 15 minutos.

pastel de macarrones con alcachofas

Ingredientes para
4 personas:

200 g de pasta para lasaña
200 g de macarrones
150 g de mascarpone
100 g de grana padano rallado
6 alcachofas
1 limón
1 ramillete de cebollino
Pimienta rosa en grano
Mantequilla
Aceite de oliva virgen extra
Sal

Tiempo de preparación:
1 hora

Lavar las alcachofas y sumergirlas en agua con limón para que no se ennegrezcan. Cortarlas en rodajitas finas (también los tallos) y saltearlas en una sartén con un poco de aceite, un poco de agua y una pizca de sal.

Cocer las placas de lasaña, escurrirlas y extenderlas sobre un paño. Cocer los macarrones al dente y, una vez escurridos, condimentarlos con una cucharada de aceite y reservarlos.

Calentar el mascarpone al baño maría. Añadir las alcachofas (los tallos y hojas más duras se pueden pasar por el pasapuré). Agregar un poco de cebollino picado y unos cuantos granos de pimienta, y cocer 3-4 minutos.

Untar una flanera con mantequilla, forrarla con las placas de lasaña y rellenar con capas alternas de crema de mascarpone con alcachofas, macarrones y queso rallado, hasta agotar los ingredientes.

Hornear a 200 °C durante unos 30 minutos. Desmoldar el pastel, espolvorearlo con queso rallado y servirlo decorado con cebollino y pimienta rosa.

quiche de patatas y setas

**Ingredientes para
6 personas:**

250 g de masa quebrada
200 g de champiñones
100 g de grana padano rallado
50 g de queso de oveja rallado
70 ml de leche
4 huevos
5 patatas medianas
1 cebolla
Aceite de oliva virgen extra
Sal y pimienta

Tiempo de preparación:
45 minutos

Dorar la cebolla en tres cucharadas de aceite y añadir los champiñones lavados y cortados en láminas.

Hervir las patatas hasta que estén bien blandas, pelarlas y machacarlas con un tenedor para obtener un puré suave y homogéneo. Añadir la leche, sal y pimienta.

Batir los huevos, agregar los dos tipos de queso y mezclar bien.

Incorporar los huevos a la mezcla de patata y remover bien; luego añadir las setas.

Recubrir un molde de *quiche* con papel de horno y disponer sobre él la masa quebrada estirada.

Cubrir el fondo con la mezcla y cocinar la *quiche* en el horno precalentado a 200 ºC durante 30 minutos.

tarta salada de trigo sarraceno y judías

**Ingredientes para
6 personas:**

400 g de judías blancas
**100 g de harina de trigo
    sarraceno***
1 cebolla
Aceite de oliva virgen extra
Mejorana
Semillas de hinojo
Sal y pimienta

Tiempo de preparación:
70 minutos

Cocer las judías y triturarlas con el pasapuré hasta obtener una pasta suave.

Pelar y picar fina la cebolla.

Añadir la harina al puré de judías junto con dos cucharadas de aceite y la cebolla picada.

Agregar mejorana y semillas de hinojo a voluntad, una pizca de sal y una de pimienta.

Mezclar bien todos los ingredientes.

Verter la mezcla en una fuente engrasada y hornearla a 120 ºC durante 30 minutos.

primeros platos

canelones de alcachofa

Ingredientes para 4 personas:

Para la pasta:
300 g de harina para masas saladas
3 huevos

Para la besamel:
500 ml de leche
50 g de mantequilla
50 g de harina para masas saladas
Nuez moscada
Sal y pimienta blanca

Para el relleno:
500 g de alcachofas
250 g de pechuga de pollo
50 g de grana padano rallado
1 huevo
1 diente de ajo
1 vaso de vino blanco seco
Perejil
Mantequilla
Aceite de oliva virgen extra
Sal y pimienta

Tiempo de preparación:
1 hora + 15 minutos de reposo

Para preparar la pasta de los canelones, mezclar la harina y los huevos, un poco de sal y una cucharadita de aceite, trabajando la mezcla hasta obtener una masa compacta y elástica. Envolverla en film de cocina y dejarla reposar durante 15 minutos.

Luego estirar la masa hasta dejarla muy fina y recortar 18 cuadrados de 12 cm de lado.

Para hacer la besamel, disolver la harina en la mantequilla, añadir la leche y dejar hervir durante 10 minutos sin parar de remover. Sazonar con una pizca de sal, una vuelta de molinillo de pimienta y un poquito de nuez moscada.

Para elaborar el relleno, cocinar al vapor la pechuga de pollo y luego cortarla en trozos grandes. Cortar las alcachofas por la mitad y rehogarlas en aceite con el ajo, el vino, perejil picado, sal y pimienta.

Pasar por la batidora el pollo y las alcachofas junto con el huevo y una pizca de sal.

Repartir la mezcla sobre los cuadrados de pasta y enrollarlos sobre sí mismos para formar los canelones.

Disponerlos en una fuente untada con mantequilla y recubrirlos con la besamel y el queso rallado. Repartir unos trocitos de mantequilla sobre la superficie antes de meter los canelones al horno a 200 °C.

Cocinarlos durante 20 minutos, hasta que estén bien doraditos.

canelones de pescado con almendras

**Ingredientes para
4 personas:**

Para la pasta:
**300 g de harina para masas
    saladas**
3 huevos

Para el relleno:
600 g de filetes de rape
1 cebolla
1 rama de apio
1 zanahoria
1 sobrecito de azafrán

Para la salsa:
100 g de mantequilla
50 g de almendras
**40 g de harina para masas
    saladas**
Pimentón
Sal y pimienta

Tiempo de preparación:
45 minutos

Pelar la zanahoria, el apio y la cebolla, y cocerlos durante 5 minutos en un poco de agua aromatizada con azafrán, sal y pimienta. Agregar el pescado bien limpio de espinas y proseguir la cocción a fuego lento durante 10 minutos. Sacar el rape de la olla y con mucho cuidado cortarlo en bastoncitos de 5 cm de largo.

Con la harina, los huevos y un poco de agua, preparar la pasta para los canelones, que deberá quedar lisa y elástica. Estirar la masa hasta formar una lámina fina y cortarla en cuadrados de 5 cm de lado.

Cocer los cuadrados de masa en abundante agua con sal durante 3 minutos. Escurrirlos y extenderlos sobre un paño limpio. Cuando estén secos, envolver cada bastoncito de pescado en un cuadrado de pasta.

Para preparar la salsa, picar 20 g de almendras muy finas y cortar el resto en láminas.

Derretir la mantequilla en una sartén pequeña. Añadir una pizca de pimentón, la harina y las almendras picadas, y luego amalgamar los ingredientes con el agua en la que se coció el pescado. Cocinar a fuego lento durante 6 minutos.

Untar con mantequilla cuatro fuentecitas para horno individuales, echar en el fondo de cada una un poco de salsa, disponer sobre la salsa dos o tres canelones y cubrirlos con el resto de la salsa. Decorar con las almendras en láminas.

Cocer los canelones en el horno precalentado a 200 °C durante 15 minutos.

amaranto al azafrán con verduras

**Ingredientes para
4 personas:**

400 g de amaranto*
1 cebolla
1 pimiento amarillo
2 calabacines
2 zanahorias
1 sobrecito de azafrán
Aceite de oliva virgen extra
Perejil
Sal

Tiempo de preparación:
40 minutos

Saltear las verduras en la sartén durante 10 minutos:
la cebolla cortada en tiritas finas, los calabacines
y las zanahorias cortados en rodajas finas y el pimiento
cortado en trocitos.

Verter el amaranto en una olla baja, cubrirlo con agua
(aproximadamente el triple de agua que de amaranto)
y dejarlo cocer con la olla tapada durante 20-30 minutos.

Poco antes de que finalice la cocción, añadir el azafrán,
apagar el fuego y dejar reposar durante 10 minutos.

Agregar las verduras al amaranto, espolvorear con perejil
picado y rociar con un chorrito de aceite.

amaranto con lentejas

**Ingredientes para
4 personas:**

400 g de amaranto*
300 g de lentejas
2 cebollas
800 ml de caldo de verduras
1 ramita de romero
1 vaso de vino blanco
Aceite de oliva virgen extra
Sal y pimienta

Tiempo de preparación:
35 minutos

Cortar las cebollas en rodajitas y sofreírlas brevemente con
un poco de aceite.

Añadir las lentejas después de haber apagado el fuego
y remover bien.

Tostar el amaranto durante 2 minutos en una sartén grande
y después apartarlo del fuego y dejarlo enfriar.

Añadir las lentejas y volver a poner la sartén al fuego. Verter
un vaso de vino blanco y dejar que se evapore el alcohol.

Calentar en un cazo aparte el caldo de verduras y añadirlo
al preparado anterior, cacito a cacito, removiendo para que
se vaya absorbiendo.

Al final de la cocción, añadir el romero picado, corregir de sal
y agregar una cucharada de aceite y una vuelta de molinillo
de pimienta.

raviolis de requesón y espinacas

**Ingredientes para
6 personas:**

500 g de espinacas
300 g de requesón
40 g de grana padano rallado
1 huevo
Mantequilla
Nuez moscada
Salvia
Sal y pimienta

Tiempo de preparación:
45 minutos

Para preparar la pasta, ver la receta de la pág. 24.

Hervir las espinacas, escurrirlas y picarlas. Disponer en un cuenco el requesón con el huevo batido y las espinacas, añadir el queso rallado, sal, pimienta y nuez moscada, y mezclar todo bien.

Disponer sobre una tira de pasta el relleno en bolitas del tamaño de una avellana, colocándolas desde la mitad de la tira hacia arriba y dejando una distancia de unos 4 cm entre bolita y bolita.

Doblar la pasta sobre sí misma, haciendo que coincidan ambos lados de cada tira y presionando bien entre una bolita y otra. Con un cortapastas, ir cortando los raviolis de la forma que se prefiera (cuadrados, rectangulares, media luna).

Ponerlos a hervir en abundante agua con sal, con cuidado de que al removerlos no se rompan. Para escurrirlos, se puede utilizar una espumadera.

Disponerlos en una fuente para servir y espolvorearlos con queso rallado. Rociarlos con mantequilla fundida previamente condimentada con unas hojas de salvia.

crepes de trigo sarraceno con queso

**Ingredientes para
4 personas:**

**100 g de harina de trigo
 sarraceno***
80 g de queso de cabra
**50 g de harina para masas
 saladas**
30 g de mantequilla
20 g de nueces peladas
2 dl de leche
2 huevos
Sal

Tiempo de preparación:
20 minutos + 1 hora de reposo

Echar las harinas en un cuenco con una pizca de sal, añadir la leche y remover hasta obtener una mezcla fluida.

Batir los huevos y añadirlos a la mezcla; dejar reposar 1 hora.

Fundir 20 g de mantequilla y añadirlos a la mezcla. Si queda demasiado densa, se puede agregar alguna cucharada de agua.

Con la mantequilla restante, untar una sartén mediana, calentarla, verter en ella un cacito de la mezcla y distribuirla homogéneamente por el fondo. Dar la vuelta a la *crepe* en cuanto esté dorada y colocar en el centro unos trocitos de queso de cabra y unas nueces picaditas. Doblar la *crepe* por la mitad y cocinarla menos de un minuto.

Hacer más crepes con el mismo procedimiento. Servirlas calientes.

cuscús con verduras

**Ingredientes para
8 personas:**

500 g de cuscús de maíz*
3 calabacines
3 tomates
2 zanahorias
2 dientes de ajo
1 pimiento rojo
1 pimiento amarillo
Alcaparras
Aceitunas negras
Orégano
Aceite de oliva virgen extra
Sal y pimienta

Tiempo de preparación:
30 minutos

Lavar y secar las verduras, y cortarlas en daditos.

Echar aceite en una olla y sofreír los ajos enteros. Luego sacarlos y echar la zanahoria junto con un vaso colmado de agua. Cocerla durante 5 minutos y añadir el pimiento y, si fuera necesario, más agua. Esperar unos minutos y añadir el calabacín y, por último, el tomate junto con las alcaparras y las aceitunas negras.

Salpimentar y cocer las verduras juntas durante 7-8 minutos, tratando de que no se sequen demasiado.

Verter en una olla 500 ml de agua y una pizca de sal, y llevarla a ebullición. Apagar el fuego y echar el cuscús, tapar la olla y dejarlo reposar un máximo de 10 minutos, hasta que haya absorbido todo el líquido.

Verter el cuscús en la olla donde se han cocinado las verduras y dejarlo al fuego unos minutos, mezclando bien todos los ingredientes.

gnochetti con verduras y paté de aceitunas

**Ingredientes para
6 personas:**

1 kg de patatas
200 g de tomates
250 g de harina para masas
  saladas
2 cucharadas de paté
  de aceitunas negras
1 cebolla
1 zanahoria
1 rama de apio
Aceite de oliva virgen extra
Sal y pimienta

Tiempo de preparación:
50 minutos

Cocer las patatas durante 30 minutos desde que el agua rompa a hervir, dejar que se enfríen un poco, pelarlas y pasarlas por el pasapuré.

Transferir el puré a un cuenco, añadir la harina y amasar hasta que ambos ingredientes estén perfectamente mezclados.

Formar con la masa cordones finos, cortarlos en trocitos y presionar sobre ellos con un tenedor para dar forma a los *gnochetti*.

Laminar la cebolla, cortar en rodajitas muy finas la zanahoria y el apio, y pochar todas las verduras en tres cucharadas de aceite. Añadir a continuación los tomates cortados en daditos y pocharlos durante 10 minutos. Con el fuego apagado, incorporar con cuidado el paté de aceitunas.

Hervir los *gnochetti* en abundante agua con sal hasta que queden flotando en la superficie. Escurrirlos con cuidado y condimentarlos con la salsa caliente.

ñoquis de patata con setas

**Ingredientes para
4 personas:**

600 g de ñoquis
500 g de setas variadas
1 cebolla
1 diente de ajo
Perejil
Aceite de oliva virgen extra
Sal

Tiempo de preparación:
40 minutos

Para los ñoquis, ver la receta de la pág. 24.

Lavar las setas y cortarlas en láminas. Picar la cebolla y sofreírla en una sartén con un chorrito de aceite. Añadir el diente de ajo entero, que posteriormente se sacará del aceite.

Agregar las setas, un poco de agua y perejil picado, y cocer hasta que las setas estén tiernas pero enteras.

Hervir los ñoquis en abundante agua con sal, escurrirlos y echarlos en la sartén con el resto de ingredientes para amalgamar los sabores.

ñoquis de patata con salsa verde

**Ingredientes para
4 personas:**

600 g de ñoquis
200 g de queso en crema*
2 calabacines
2 ramitas de tomillo
1 puerro
Aceite de oliva virgen extra
Sal y pimienta

Tiempo de preparación:
20 minutos

Para los ñoquis, ver la receta de la pág. 24.

Picar el puerro y pocharlo en cuatro cucharadas de aceite durante 2 minutos a fuego lento, removiendo a menudo.

Lavar y cortar las puntas de los calabacines, cortarlos en tiras finas (en juliana) y añadirlas al puerro junto con el tomillo, sal y pimienta.

Cocer los ñoquis en abundante agua con sal y escurrirlos con la espumadera en cuanto suban a la superficie.

Verterlos en una fuente para horno y echar por encima las verduras, que previamente se habrán mezclado con el queso.

ñoquis de garbanzos con nata y panceta

**Ingredientes para
4 personas:**

200 g de garbanzos
100 g de harina para masas
    saladas
200 ml de nata
50 g de panceta en dados
4 patatas
1 huevo
1 cebolla
1 diente de ajo
Romero y salvia
Aceite de oliva virgen extra
Sal

Tiempo de preparación:
3 horas + 12 horas de remojo

Poner los garbanzos a remojar durante doce horas y después cocerlos en agua hasta que estén tiernos. Escurrirlos.

Hervir las patatas y, cuando estén bien blandas, pelarlas y machacarlas. Mezclar los garbanzos y las patatas hasta obtener una masa suave y homogénea.

Añadir la harina y la yema del huevo, sazonar con una pizca de sal y amasar los ingredientes para amalgamarlos bien.

Modelar con la masa tiras del grosor que se prefiera y formar los ñoquis. Ponerlos a hervir en abundante agua con sal; en pocos minutos estarán cocidos.

En una sartén grande, sofreír en un poco de aceite la cebolla picada, el ajo y una ramita de romero. Añadir el beicon y, por último, la nata. Cuando los ñoquis estén listos, escurrirlos bien, verterlos en la sartén y remover. Antes de servirlos, aderezarlos con unas hojas de salvia.

ñoquis de requesón con flores de calabaza

**Ingredientes para
4 personas:**

600 g de requesón
300 g de hojas de espinaca
150 g de harina para masas
    saladas
10 flores de calabaza
8 cucharadas de grana padano
    rallado
2 dl de leche
2 huevos
1 cebolla pequeña
Aceite de oliva virgen extra
Sal

Tiempo de preparación:
30 minutos

Lavar las espinacas, secarlas y picarlas finas.

Mezclar en un cuenco el requesón y las espinacas. Añadir las dos yemas, la harina, el queso rallado y una pizca de sal. Trabajar los ingredientes hasta obtener una masa homogénea.

Con las manos enharinadas, modelar rollos de masa, cortarlos en cuadraditos para dar forma a los ñoquis y disponerlos sobre la superficie de trabajo enharinada.

Pelar la cebolla, picarla fina y pocharla en una sartén con cuatro cucharadas de aceite y agua. Añadir las flores de calabaza limpias y troceadas, la leche y una pizca de sal. Cocer a fuego lento, con la tapa puesta, unos 10 minutos.

Pasar todo por la batidora y mantener esta salsa caliente.

Cocer los ñoquis en agua hirviendo con sal, escurrirlos con una espumadera, disponerlos en una fuente de servir regarlos con la salsa de flores de calabaza.

ñoquis de mijo y coliflor

**Ingredientes para
3 personas:**

200 g de mijo*
200 g de coliflor
**50 g de harina para masas
    saladas**
30 g de grana padano rallado
1 chalota
1 cucharada de perejil picado
Aceite de oliva virgen extra
Guindilla roja molida o cayena
Sal

Tiempo de preparación:
40 minutos

Lavar el mijo en un colador bajo el chorro de agua corriente y verterlo en una olla con el doble de agua que de cereal.

Lavar la coliflor y dividirla en ramitos. Añadirla al mijo, llevar a ebullición y cocer 25 minutos con la olla tapada.

Dejar que se entibie y luego triturarlo con la batidora. Incorporar el queso rallado y la harina. Formar ñoquis pequeños con esta masa y enharinarlos ligeramente.

Picar la chalota y pocharla en dos cucharadas de aceite. Apagar el fuego y añadir el perejil.

Poner a hervir en una olla abundante agua con sal y cocer los ñoquis. Según vayan saliendo a flote, escurrirlos, disponerlos en una fuente y condimentarlos con la salsa de chalota. Espolvorearlos con queso rallado y una pizca de guindilla.

ñoquis de harina de castañas con judías verdes

**Ingredientes para
4 personas:**

**150 g de harina para masas
    saladas**
50 g de harina de castañas
100 g de pesto
100 g de judías verdes
4 patatas
1 huevo
Sal

Tiempo de preparación:
45 minutos

Cocer las patatas y luego pelarlas. Pasar un poco más de la mitad por el pasapuré y las restantes cortarlas en cuadraditos; reservarlos. Añadir al puré de patata las harinas, el huevo y una pizca de sal. Amasar hasta obtener una mezcla compacta y homogénea.

Tomando un poco de masa cada vez, modelar los ñoquis del tamaño que se prefiera. Mantener siempre las manos y la superficie de trabajo bien enharinadas.

Cocer las judías verdes, dejarlas enfriar y cortarlas en trozos de 2-3 cm. Saltearlas en una sartén grande con un chorrito de aceite y añadir las patatas cortadas en cuadraditos.

Hervir los ñoquis en abundante agua con sal y, cuando estén listos, echarlos directamente en la sartén y mezclarlos bien con las patatas y las judías. Servir todo condimentado con el pesto.

ñoquis de trigo sarraceno y queso

**Ingredientes para
3 personas:**

200 g harina de trigo
  sarraceno*
150 g de queso semicurado
50 g de harina para masas
  saladas
50 g de queso fontina
1 huevo
Mejorana
Aceite de oliva virgen extra
Sal y pimienta

Tiempo de preparación:
45 minutos

Añadir a la harina de trigo sarraceno la harina para masas saladas, el huevo, una cucharada de aceite, una pizca de sal, una vuelta de molinillo de pimienta y el queso semicurado rallado. Agregar suficiente agua templada para poder amalgamar bien los ingredientes hasta obtener una masa compacta.

Modelar tiras de masa y dividirlas para formar los ñoquis.

Cocerlos en una olla con abundante agua con sal y escurrirlos en cuanto suban a la superficie.

Repartirlos en los platos, rallar por encima el queso fontina y servirlos después de aderezarlos con unas hojitas de mejorana fresca.

discos de sémola con tomate y mozzarella

**Ingredientes para
3 personas:**

200 g de sémola*
200 g de mozzarella
50 g de grana padano rallado
50 g de mantequilla
1 l de leche
3 huevos
2 tomates
Nuez moscada
Sal y pimienta

Tiempo de preparación:
40 minutos

Verter en un cazo la leche, añadir una pizca de sal, de pimienta y de nuez moscada, y llevarla a ebullición. Verter la sémola en forma de lluvia, removiendo bien para evitar que se formen grumos y, sin dejar de remover, cocerla 10 minutos.

Apartar el cazo del fuego e incorporar la mantequilla, el queso rallado y las yemas de los huevos, de una en una.

Verter la mezcla en una bandeja engrasada con mantequilla y nivelarla hasta obtener una capa de 1 cm de grosor, de modo que quede lo más homogénea posible. Cuando la mezcla esté fría, cortarla con un cortapastas redondo, sacando el mayor número posible de discos.

Cortar la mozzarella y los tomates en daditos.

Disponer los discos de sémola en una fuente para horno y aderezarlos con el tomate y la mozzarella. Hornearlos a 150 °C durante 15 minutos.

trigo sarraceno con marisco

**Ingredientes para
4 personas:**

500 g de chipirones limpios
500 g de gambas peladas
300 g de trigo sarraceno*
300 g de calabacines
300 g de zanahorias
1 puerro
1 limón
Perejil
1 ramita de tomillo
Aceite de oliva virgen extra
Sal y pimienta

Tiempo de preparación:
1 hora y 20 minutos

Eliminar las capas externas del puerro, pelar las zanahorias y cortar las puntas a los calabacines. Lavar las verduras, cortarlas en trozos pequeños y luego cocerlas en agua hirviendo ligeramente salada.

Sacar las verduras con una espumadera y utilizar su agua de cocción para cocer el trigo sarraceno a fuego lento durante 40 minutos.

Escurrir el trigo sarraceno y conservar de nuevo el agua para cocer en ella los chipirones durante 35 minutos. Añadir entonces las gambas y proseguir la cocción 5 minutos más.

Escurrir los chipirones y las gambas.

Triturar en la batidora el puerro hervido con 5 cucharadas de aceite, el zumo del limón, un poco de perejil picado, sal y pimienta.

Poner el trigo sarraceno en un cuenco, añadir las verduras, los chipirones y las gambas, y condimentar todo con la salsa de puerro. Remover bien, añadir unas hojitas de tomillo y servir.

lasaña de alcachofas

**Ingredientes para
4 personas:**

500 g de alcachofas
250 g de pasta para lasaña
100 g de grana padano rallado
60 g de mantequilla
1 zanahoria
1 cebolla
1 rama de apio
1 vaso de vino blanco seco
Aceite de oliva virgen extra
Sal y pimienta

Tiempo de preparación:
50 minutos

Para la besamel, ver la receta de la pág. 22.

Lavar las alcachofas, descartando las hojas más duras, picarlas finas y dorarlas con un diente de ajo y dos cucharadas de aceite. Dorar en otra sartén el resto de las verduras y, cuando estén listas, mezclarlas con las alcachofas.

Cocer la pasta para lasaña en abundante agua con sal, escurrirla y enfriarla bajo el grifo; extenderla sobre un paño.

Disponer en una fuente para horno una capa de pasta, una capa de verdura, unas cucharadas de besamel y espolvorear un puñado de queso rallado. Seguir alternando capas hasta agotar los ingredientes. Sobre la última capa, distribuir unos trocitos de mantequilla.

Cocinar la lasaña en el horno precalentado a 180-200 ºC durante 30 minutos. Servir inmediatamente.

lasaña de trigo sarraceno con calabacín

**Ingredientes para
6 personas:**

Para la lasaña:
600 ml de leche
**300 g de harina de trigo
sarraceno***
80 g de mantequilla
3 huevos

Para el relleno:
500 g de calabacines
350 g de requesón
**100 g de queso de oveja
rallado**
50 g de grana padano rallado
Nuez moscada
Aceite de oliva virgen extra
Sal

Tiempo de preparación:
35 minutos

Mezclar la harina con los huevos y añadir la leche poco a poco, removiendo bien.

Agregar la mantequilla previamente derretida al baño maría y, por último, una pizca de sal.

Trabajar los ingredientes hasta obtener una pasta lisa y homogénea.

Preparar unas *crepes* cocinándolas por ambos lados en una sartén antiadherente. Estas *crepes* se usarán a modo de placas de pasta para montar la lasaña.

Lavar los calabacines, cortarlos en rodajitas y saltearlos en una sartén con un poco de aceite y una pizca de sal.

Dejarlos enfriar y luego triturarlos con la batidora para reducirlos a una crema. Agregar al vaso de la batidora el requesón, el queso de oveja rallado y una pizca de nuez moscada, y trabajar los ingredientes hasta obtener una crema suave y homogénea.

Disponer en una fuente para horno una capa de *crepes* y echar sobre ella la crema de calabacín como si fuese una besamel. Proseguir montando capas de este modo hasta agotar los ingredientes.

Por último, espolvorear con queso grana rallado, repartir unos trocitos de mantequilla y hornear la lasaña a 180 °C durante 10 minutos.

lasaña de espinacas

**Ingredientes para
4 personas:**

250 g de pasta para lasaña
500 g de espinacas frescas
500 ml de besamel
100 g de grana padano rallado
1 diente de ajo
Aceite de oliva virgen extra
Mantequilla
Sal y pimienta

Tiempo de preparación:
50 minutos

Para la besamel, ver la receta de la pág. 22.

Cocer las espinacas en agua con sal, colarlas y escurrirlas bien con las manos. Luego picarlas finas.

Dorar el ajo entero en una sartén con dos cucharadas de aceite. Apartarla del fuego, sacar el ajo, añadir las espinacas y sazonarlas con una pizca de sal y de pimienta.

Cocer las placas de pasta para lasaña en abundante agua con sal. Retirarlas del fuego, enfriarlas bajo el grifo y extenderlas sobre un paño.

Disponer en una fuente para horno untada con mantequilla una capa de pasta, luego una de espinacas, unas cucharadas de besamel y espolvorear un poco de queso rallado: proseguir de esta manera hasta agotar los ingredientes.

Hornear la lasaña a 200 °C durante 30 minutos.

lasaña de speck y queso scamorza

**Ingredientes para
4 personas:**

500 ml de besamel
250 g de pasta para lasaña
200 g de *speck**
150 g de queso scamorza
Aceite de oliva virgen extra
Mantequilla
Sal

Tiempo de preparación:
1 hora

Para la besamel, ver la receta de la pág. 22.

Cocer las placas de pasta para lasaña en abundante agua con sal y luego disponer una primera capa de pasta en una fuente para horno bien untada con mantequilla.

Añadir besamel y, a continuación, queso y *speck* cortados en cuadraditos.

Seguir montando capas de este modo hasta agotar los ingredientes.

Hornear la lasaña a 180 °C durante 40 minutos.

lasaña de espárragos y avellanas

**Ingredientes para
4 personas:**

250 g de pasta para lasaña
500 ml de besamel
500 g de espárragos trigueros
60 g de avellanas tostadas
150 g de queso gruyer rallado
30 g de mantequilla
1 cebolla
Aceite de oliva virgen extra
Sal y pimienta

Tiempo de preparación:
55 minutos

Para la besamel, ver la receta de la pág. 22.

Cocer las placas de pasta para lasaña en abundante agua con sal, de modo que queden bien cocidas.

Lavar y cocer los espárragos. Cuando estén hechos, pero aún firmes, escurrirlos y darles una pasada por una sartén en la que previamente se habrá sofrito la cebolla picada en un poco de aceite.

Disponer en una fuente para horno, previamente untada con mantequilla, una capa de placas de lasaña y, a continuación, recubrirla con besamel.

Agregar espárragos, queso rallado y, por último, avellanas picadas finas.

Repetir la operación para formar las capas que se desee y espolvorear la última con abundante queso.

Hornear la lasaña a 180 ºC durante 30 minutos.

lasaña marinera

**Ingredientes para
4 personas:**

500 g de pasta para lasaña
500 ml de besamel
300 g de filetes de lenguado
300 g de gambas peladas
1 vaso de vino blanco seco
1 vasito de coñac
*Curry**
Nuez moscada
Aceite de oliva virgen extra
Sal y pimienta

Tiempo de preparación:
55 minutos

Preparar la besamel con la receta clásica (ver pág. 22) y, una vez apartada del fuego, añadir dos cucharadas de *curry* y un poco de nuez moscada.

Cocinar los filetes de lenguado 10 minutos en una sartén con el vino blanco, y sazonarlos con sal y pimienta.

En otra sartén, saltear las gambas en aceite. Transcurridos 2 minutos, verter el coñac y dejar que se evapore el alcohol.

Cocer la pasta, escurrirla y disponerla sobre un paño.

Untar una fuente para horno con mantequilla y disponer en el fondo una capa de pasta, luego el lenguado y, por último, la besamel. Extender encima otra capa de pasta y cubrirla con las gambas y otra capa de besamel.

Cocer la lasaña 30 minutos en el horno precalentado a 200 ºC.

espaguetis de arroz con judías verdes

**Ingredientes para
4 personas:**

350 g de espaguetis de arroz
200 g de judías verdes
2 zanahorias
1 diente de ajo
Aceite de oliva virgen extra
Guindilla roja molida o cayena
Sal

Tiempo de preparación:
20 minutos

Lavar y mondar las judías verdes, raspar las zanahorias y cortarlas en láminas a lo largo.

Hervir las verduras, pero teniendo cuidado de que queden enteras.

Pelar el ajo, picarlo y dorarlo ligeramente en una olla con cuatro cucharadas de aceite.

Agregar las verduras y dejar que cojan sabor.

Hervir los espaguetis de arroz en abundante agua con sal. Escurrirlos cuando estén al dente y mezclarlos con las verduras, salteándolos a fuego vivo.

Mezclar bien y espolvorear con guindilla.

maltagliati de trigo sarraceno con gambas

**Ingredientes para
6 personas:**

**200 g de harina para masas
    saladas**
**200 g de harina de trigo
    sarraceno***
200 g de gambas
50 g de mantequilla
3 huevos
Perejil
Sal

Tiempo de preparación:
40 minutos

Mezclar bien las dos harinas y disponerlas en forma de volcán. Añadir los huevos, la mantequilla, previamente ablandada a temperatura ambiente, y una pizca de sal.

Trabajar los ingredientes hasta obtener una masa compacta y lisa.

Estirar la masa formando una lámina fina, enrollarla sobre sí misma y cortar la pasta de manera oblicua, formando rombos irregulares (*maltagliati* significa «mal cortados»).

Cocer las gambas brevemente.

En una olla aparte, poner agua a hervir, salarla, añadir un chorrito de aceite y cocer la pasta.

Escurrirla y transferirla a una sartén para saltearla con las gambas y un puñado de perejil bien picado.

canelones de habas y requesón

**Ingredientes para
4 personas:**

Para la pasta:
**300 g de harina para masas
    saladas
3 huevos**

Para el relleno:
**400 g de requesón
300 g de habas
100 g de grana padano rallado
2 cebollas**

Para la salsa:
**500 ml de nata
100 ml de salsa de tomate
    concentrada
1 cebolla pequeña
Aceite de oliva virgen extra
Sal y pimienta**

Tiempo de preparación:
**50 minutos + 10 minutos
    de reposo**

Poner a hervir abundante agua con sal en una olla y escaldar las habas en ella. Escurrirlas y quitarles la pielecilla que las recubre.

Pelar las cebollas y picarlas finas. Pocharlas en una sartén con un poco de aceite y luego agregar las habas, aderezarlas con una pizca de sal y pimienta, verter un cacito de agua y proseguir la cocción a fuego medio y con la sartén tapada durante 10-15 minutos, removiendo de vez en cuando.

Apartar la sartén del fuego, dejar enfriar las verduras y picarlas ligeramente.

Poner en un cuenco el requesón, añadir parte del queso rallado y remover. Agregar las verduras y mezclar bien todos los ingredientes.

Preparar la pasta mezclando la harina con los huevos, sal y una cucharadita de aceite. Trabajar los ingredientes hasta obtener una masa compacta y elástica. Envolverla en film de cocina y dejarla reposar durante 15 minutos. Luego, estirar la masa formando una lámina fina y cortarla en cuadrados de 12 cm de lado.

Echar en cada cuadrado de pasta una cucharada de relleno y enrollar los canelones. Después, colocarlos en una fuente para horno ligeramente engrasada.

Para hacer la salsa, pochar en una sartén la cebolla picada con aceite. Añadir la salsa de tomate y la nata, y dejar que la salsa se reduzca a un tercio de su volumen. Sazonar con una pizca de sal y pimienta, remover, apartar la sartén del fuego y dejar reposar la salsa durante 10 minutos.

Cubrir los canelones con la salsa de tomate, espolvorearlos con el queso rallado restante y meterlos en el horno unos minutos para que se calienten.

raviolis con relleno de salmón

**Ingredientes para
4 personas:**

**500 g de pasta al huevo
500 g de salmón ahumado
400 g de requesón
60 g de mantequilla
1 huevo
1 puerro
Sal y pimienta**

Tiempo de preparación:
50 minutos

Para la pasta, ver la receta de la pág. 24.

Para preparar el relleno, mezclar el requesón con 250 g de salmón ahumado cortado en tiritas. Salpimentar y añadir el huevo. Luego pasarlo todo por la batidora hasta obtener una mezcla homogénea y no muy líquida.

Estirar la masa formando tiras finas, distribuir sobre ellas el relleno en montoncitos separados entre sí unos 6 cm y luego plegarlas sobre el relleno. Hacer presión alrededor de los montoncitos de relleno y recortar unos raviolis rectangulares con una ruedecita dentada. Después, tomar entre las manos los raviolis de uno en uno y darles forma de caramelo.

Derretir la mantequilla en una sartén, agregar el puerro limpio y cortado en rodajitas y pocharlo con un poco de agua. Luego añadir el salmón restante cortado en tiritas. Salar ligeramente y cocinar durante 5 minutos.

Hervir los raviolis en abundante agua con sal, escurrirlos, verterlos en un cuenco y condimentarlos con la salsa, removiendo con cuidado.

raviolis de brécol con mejillones y almejas

**Ingredientes para
4 personas:**

500 g de pasta al huevo

Para el relleno:
700 g de brécol
120 ml de nata
50 g de mantequilla fundida
2 huevos

Para la salsa:
300 g de ramitos de brécol
160 g de mantequilla
60 almejas purgadas
30 mejillones
2 dientes de ajo
Vino blanco
Sal y pimienta blanca

Tiempo de preparación:
1 hora

Para la pasta, ver la receta de la pág. 24.

Para el relleno, cocer el brécol en agua con sal; escurrirlo y triturarlo en la batidora junto con la nata, un huevo entero, una yema y la mantequilla fundida. Salpimentar.

Estirar la masa para la pasta en dos láminas de igual tamaño y distribuir sobre una de ellas la mezcla preparada a intervalos regulares de 4 cm. Superponer la segunda lámina de pasta al huevo, ejerciendo presión alrededor de los montoncitos de relleno.

Recortar de la masa discos de unos 4 cm de diámetro y presionar los bordes de los raviolis para sellarlos.

Cocer los mejillones en abundante agua con sal y después sacarlos de las conchas.

Poner las almejas en una cazuela con medio vaso de vino blanco y el ajo, tapar la cazuela y dejar que se abran a fuego vivo.

Sacar las almejas de las conchas, filtrar el líquido de cocción y reducirlo a fuego vivo. Apagar el fuego y batir la reducción del caldo de las almejas con la mantequilla.

Por otro lado, pasar los los mejillones por una sartén y mezclarlos con las almejas. Añadir las almejas y los mejillones a la salsa y dejar que se caliente todo junto.

Cocer los raviolis en abundante agua ligeramente salada junto con los ramitos de brécol.

Sacar el brécol del agua con una espumadera cuando aún esté entero, y luego escurrir los raviolis y condimentarlos con la salsa. Servirlos en los platos aderezándolos con almejas, mejillones y ramitos de brécol.

arroz con calabaza

**Ingredientes para
4 personas:**

300 g de arroz
300 g de calabaza
120 g de grana padano rallado
60 g de queso de oveja rallado
20 g de mantequilla
1 cebolla
Caldo de verduras

Tiempo de preparación:
50 minutos

Cocer al vapor la calabaza cortada en cuadraditos hasta que quede blanda y luego triturarla en la batidora.

Rehogar la cebolla en un chorrito de aceite y añadir la crema de calabaza. Agregar el arroz y tostarlo, removiendo bien. Proseguir la cocción añadiendo los cazos de caldo de verduras que sean necesarios.

Una vez finalizada la cocción del arroz, incorporar un poco de grana padano rallado y una nuez de mantequilla. Remover bien.

Servir espolvoreado con queso de oveja rallado.

macarrones con salsa de anchoas, pasas y piñones

**Ingredientes para
4 personas:**

320 g de macarrones
**80 g de preparado para
  empanar***
4 filetes de anchoa
2 dientes de ajo
2 cucharadas de pasas
1 cebolla
1 cucharada de piñones
Aceite de oliva virgen extra
Sal y pimienta

Tiempo de preparación:
30 minutos

Lavar las anchoas. Pelar y picar los ajos y la cebolla finos y pocharlos en ocho cucharadas de aceite.

Agregar las anchoas y remover con una cuchara de madera hasta que se deshagan completamente.

Espolvorear la mezcla con el preparado para empanar, dejar que se tueste removiendo constantemente y, por último, añadir las pasas y los piñones.

Cocer los macarrones y escurrirlos.

Repartirlos en platos hondos, verter por encima la salsa preparada y espolvorear con un poco de preparado para empanar y una pizca de pimienta.

Servir inmediatamente.

raviolis de pescado

**Ingredientes para
6 personas:**

Para la pasta:
**400 g de harina para masas
    saladas
4 huevos**

Para el relleno:
**350 g de filetes de merluza
1 cebolleta tierna
1 huevo
1 ramita de tomillo**

Para la salsa:
**300 g de patatas
10 aceitunas negras sin hueso
5 tomates
2 cucharadas de alcaparras
    en vinagre
1 diente de ajo
Perejil
Aceite de oliva virgen extra
Sal y pimienta**

Tiempo de preparación:
1 hora y 15 minutos

Para preparar la pasta, disponer la harina en forma de volcán. Cascar en el centro los huevos, añadir un poco de agua caliente y una pizca de sal, y trabajar los ingredientes hasta obtener una masa lisa y homogénea.

Hervir las patatas sin pelarlas y sacarlas del agua cuando aún estén bien enteras. Dejarlas enfriar, pelarlas y cortarlas en daditos.

Ponerlas en un cuenco, añadir las alcaparras y las aceitunas troceadas, y sazonar con perejil picado.

Pelar el ajo y los tomates y cortarlos en daditos. Echarlos en una sartén y cocinarlos a fuego vivo con cuatro cucharadas de aceite durante 2 minutos.

Añadir las patatas y dejar que cojan sabor durante 2 minutos más.

Para hacer el relleno de los raviolis, cocer al vapor los filetes de merluza y desmenuzarlos bien en un cuenco. Añadir la cebolleta picada fina, el tomillo, el huevo, una pizca de sal y otra de pimienta. Remover bien.

Estirar la masa preparada formando una lámina fina y usar una ruedecita para recortar cuadrados de 3 cm de lado.

Verter una cucharadita de relleno de pescado sobre cada cuadradito y cerrarlos en forma de triángulo, con cuidado de presionar bien los bordes para que no se abran.

Cocer los raviolis en abundante agua con sal y condimentarlos con la salsa de tomate y patata bien caliente.

Servir inmediatamente

arroz tres delicias

**Ingredientes para
3 personas:**

**400 g de guisantes
250 g de arroz de grano largo
3 huevos
100 g de jamón cocido*
Aceite de oliva virgen extra
Sal**

Tiempo de preparación:
55 minutos

Poner el arroz en una olla, añadir una pizca de sal
y verter la cantidad de agua necesaria para cubrir el arroz
unos 2 cm. Tapar la olla y ponerla al fuego.

Dejar que el arroz cueza removiendo de vez en cuando y
luego apartarlo del fuego y dejarlo reposar 5 minutos.
A continuación, escurrirlo y aclararlo bajo el grifo de agua fría.

Cortar el jamón cocido en daditos.

Saltear los guisantes con un chorrito de aceite durante unos
minutos, hasta que queden tiernos pero enteros.

Batir los huevos con una pizca de sal y cocinarlos en la sartén
con un chorrito de aceite hasta que empiecen a cuajarse.

Mezclar los guisantes, el jamón cocido y los huevos con
el arroz. Salar y remover bien antes de servir.

arroz con brotes de soja

**Ingredientes para
4 personas:**

**300 g de arroz
200 g de brotes de soja
60 g de grana padano rallado
40 g de salsa de tomate
    concentrada
Aceite de oliva virgen extra
Sal**

Tiempo de preparación:
30 minutos

Hervir el arroz en abundante agua con sal.

Lavar los brotes de soja y echarlos en una sartén honda con
cuatro cucharadas de aceite, la salsa de tomate concentrada
y una pizca de sal. Cocinar durante 20 minutos a fuego medio.

Verter esta salsa sobre el arroz y agregar el queso rallado.

arroz con albahaca y piñones tostados

**Ingredientes para
3 personas:**

200 g de arroz
100 g de calabaza
100 g de tomates
100 g de maíz en conserva
100 g de pimientos
80 g de chalota
80 g de piñones
2 l de caldo de verduras
Albahaca
Aceite de oliva virgen extra
Sal y pimienta

Tiempo de preparación:
35 minutos

Dorar en una olla la chalota picada en dos cucharadas de aceite. Añadir el arroz y dejar que se tueste.

Agregar las verduras cortadas en daditos y el caldo caliente (debe cubrir ampliamente el arroz) y salpimentar.

Tapar la olla y dejar cocer a fuego lento el tiempo necesario para que el arroz absorba el caldo.

Incorporar el maíz y la albahaca y remover bien. Por último, añadir los piñones, después de tostarlos ligeramente en una sartén.

quinua con calabaza

**Ingredientes para
4 personas:**

500 g de calabaza
400 g de quinua*
80 g de semillas de calabaza
1 cebolla
1 ramita de romero
Aceite de oliva virgen extra
Sal y pimienta

Tiempo de preparación:
50 minutos

Limpiar la calabaza y trocearla. Cocerla de modo que quede bastante entera.

Sofreír en aceite la cebolla picada y añadir la calabaza y el romero picado muy fino. Salpimentar. Cocinar los ingredientes durante unos minutos, añadiendo un poco de agua para que la calabaza no se pegue.

Incorporar la quinua y dejar que se tueste durante 1 minuto a fuego vivo.

Añadir 450 ml de agua, tapar el recipiente y dejar cocer hasta que la quinua absorba todo el líquido, unos 25 minutos.

Apagar el fuego y dejar reposar durante 5 minutos para que la quinua adquiera volumen.

Tostar las semillas de calabaza en una sartén pequeña, dejarlas enfriar y trocearlas.

Servir la quinua en los platos y espolvorearla con las semillas de calabaza tostadas.

pastel de espárragos

**Ingredientes para
4 personas:**

600 g de espárragos
300 g de arroz
250 g de mascarpone
20 g de grana padano rallado
20 g de mantequilla
Sal y pimienta

Tiempo de preparación:
40 minutos

Cocer los espárragos en agua con sal, escurrirlos, trocearlos y saltearlos en una sartén con un poco de mantequilla, sal y pimienta.

Cocer el arroz y escurrirlo. Añadirle el mascarpone y los espárragos, removiendo con cuidado.

Disponer el arroz en una fuente para horno y espolvorearlo con el queso rallado.

Añadir por último unos trocitos de mantequilla por encima y hornearlo a 180 °C durante 10 minutos.

tortellini con calabacín gratinados

**Ingredientes para
4 personas:**

500 g de *tortellini* de carne
400 g de calabacines
10 g de mantequilla
**50 g de preparado para
    empanar**
60 g de grana padano rallado
45 ml de nata
Sal y pimienta

Tiempo de preparación:
40 minutos

Lavar los calabacines y quitarles las puntas. Cortarlos en rodajitas finas y saltearlos en una sartén con un poco de mantequilla.

Apartar en un recipiente la mitad del calabacín y pasar el resto por la batidora. Verter la nata en un cuenco, agregar la crema de calabacín, cuatro cucharadas de queso rallado, las rodajitas de calabacín reservadas, una pizca de sal y otra de pimienta.

Cocer los *tortellini* en abundante agua con sal, escurrirlos y condimentarlos con la salsa preparada.

Verterlos en una fuente para horno y espolvorearlos con el queso rallado restante y el preparado para empanar.

Gratinarlos en el grill del horno precalentado y servirlos inmediatamente.

tallarines de soja con carne y verduras

**Ingredientes para
4 personas:**

300 g de tallarines de soja
100 g de carne de ternera
2 cebolletas
2 pimientos rojos
2 zanahorias
1 rama de apio
Aceite de oliva virgen extra
Sal

Tiempo de preparación:
40 minutos

Limpiar los pimientos y pelar las zanahorias, lavarlos y cortarlos en tiritas. Limpiar también el apio y las cebolletas y cortarlos en rodajitas finas.

Poner a cocer las verduras en una olla con un chorrito de aceite y agua hasta que estén cocidas pero enteras.

Cortar la carne de ternera en tiritas y añadirla a las verduras. Cocinar todos los ingredientes durante 20 minutos.

Poner los tallarines de soja en remojo y luego cocerlos en abundante agua con sal. Una vez cocidos, mezclarlos con las verduras y saltearlos rápidamente en una sartén.

Servir los tallarines aderezándolos con un chorrito de aceite.

tortelli con pulpo y palitos de cangrejo

**Ingredientes para
4 personas:**

500 g de *tortelli* de espinacas
500 g de pulpo
200 g de palitos de cangrejo*
**100 g de salsa de tomate
   concentrada**
50 g de almendras peladas
1 diente de ajo
Perejil
Aceite de oliva virgen extra
Sal y pimienta

Tiempo de preparación:
1 hora

Cocer el pulpo en abundante agua con sal, con cuidado de que no cueza demasiado, porque, de lo contrario, queda duro.

Verter un chorro de aceite en una sartén y rehogar el ajo. Agregar la salsa de tomate concentrada y perejil picado, y cocer durante 20 minutos.

Trocear el pulpo y los palitos de cangrejo y añadirlos a la salsa, salteándolos rápidamente en la sartén.

Poner a cocer los *tortelli* en agua con sal, escurrirlos bien y añadirlos a la salsa. Remover con cuidado para que los *tortelli* no se rompan.

Servirlos decorando los platos con las almendras picadas.

segundos platos
y guarniciones

rollitos de berenjena

**Ingredientes para
4 personas:**

100 g de grana padano rallado
100 g de preparado para
   empanar*
2 berenjenas
400 g de salsa de tomate
60 g de queso de oveja rallado
Albahaca
Menta
Aceite de oliva virgen extra
Sal

Tiempo de preparación:
**45 minutos + 30 minutos
   de marinado**

Lavar las berenjenas y cortarlas a lo largo en láminas lo más finas posible. Dejarlas cubiertas de sal durante 30 minutos.

Mezclar en un cuenco el grana padano rallado, el preparado para empanar, la albahaca y la menta picadas y una pizca de sal; remover e ir añadiendo aceite de oliva suficiente para obtener una pasta homogénea pero no demasiado densa.

Transcurrida la media hora del marinado, aclarar las berenjenas bajo el grifo y secarlas con un paño. Untar sobre cada lámina de berenjena la mezcla preparada y enrollarlas para dar forma a los rollitos; sujetarlos con palillos de dientes para que no pierdan la forma.

Colocar los rollitos en una fuente para horno, regarlos con salsa de tomate y espolvorearlos con el queso de oveja. Gratinarlos unos 10 minutos o hasta que se doren.

pollo con pimiento

**Ingredientes para
4 personas:**

2 pechugas de pollo
2 pimientos amarillos
4 cucharadas de harina para
   masas saladas
Aceite de oliva virgen extra
Sal

Tiempo de preparación:
30 minutos

Cortar la carne en tiritas finas, tratando de que queden todas del mismo tamaño.

Lavar los pimientos, limpiarlos y cortarlos también en tiritas.

Echar en un plato la harina y pasar por ella las tiritas de pollo, de modo que queden bien rebozadas.

Sacudir el exceso de harina y dorar las tiras de pollo en una sartén con un chorrito de aceite; agregar las tiras de pimiento y salar al gusto.

Durante la cocción, añadir de tanto en tanto un poco de agua caliente para que la carne se mantenga jugosa.

sepias rellenas

**Ingredientes para
4 personas:**

1 kg de sepias
80 g de atún al natural
50 g de grana padano rallado
2 cucharadas de preparado
    para empanar*
2 huevos
1 cebolla
1 limón
1 zanahoria
Nueces peladas
Perejil
Aceite de oliva virgen extra
Sal

Tiempo de preparación:
1 hora

Limpiar las sepias, separar los tentáculos del resto del cuerpo y eliminar el hueso, quedándose solo con la bolsa; lavarlas bien y secarlas con papel de cocina absorbente. Ponerlas en remojo en un recipiente con agua y el zumo de medio limón.

En un cuenco, desmenuzar muy bien el atún y añadir los huevos, el preparado para empanar, el queso rallado, el perejil picado y una pizca de sal; mezclar bien.

Introducir la mezcla en las sepias sin rellenarlas demasiado para evitar que durante la cocción el relleno se salga, y cerrarlas con palillos.

En una sartén lo bastante grande para contener las sepias sin que se superpongan, dorar la cebolla con un chorrito de aceite. Agregar las sepias rellenas y cocinar a fuego muy lento durante poco más de media hora, añadiendo de vez en cuando algo de agua caliente.

Durante la cocción se pueden añadir los tentáculos que se habían apartado. Para completar el plato, disponer por encima unas tiritas de zanahoria y unas nueces picadas.

lenguado en salsa verde

**Ingredientes para
4 personas:**

8 filetes de lenguado
4 cucharadas de harina para
    masas saladas
1 diente de ajo
Perejil y albahaca
Aceite de oliva virgen extra
Sal

Tiempo de preparación:
20 minutos

Lavar y cortar los filetes de pescado y rebozarlos en la harina, previamente dispuesta en un plato.

Dorar en una sartén con aceite el diente de ajo y añadir perejil y albahaca picados.
Sacar enseguida el ajo del aceite, añadir los filetes de lenguado, salarlos y cocinarlos a fuego lento con la sartén tapada durante 8-10 minutos.

Cuidado al darles la vuelta, porque se rompen con facilidad.

pimientos rellenos

**Ingredientes para
4 personas:**

200 g de tomate triturado
50 g de aceitunas negras
30 g de alcaparras
3 berenjenas
2 cucharadas de preparado
  para empanar*
1 pimiento rojo
1 pimiento amarillo
1 cebolla morada
Queso rallado
Perejil
Guindilla roja molida o cayena
Aceite de oliva virgen extra
Sal gorda

Tiempo de preparación:
50 minutos

Tostar los pimientos directamente sobre la llama para poder pelarlos fácilmente. Cortarlos por la mitad a lo largo y extraer las membranas y las semillas.

Cortar las berenjenas en cubitos y dejarlos reposar cubiertos de sal gorda en un escurridor durante al menos 30 minutos, para que pierdan el amargor. Lavarlos, secarlos y sofreírlos a fuego medio hasta que queden tiernos.

Disponerlos sobre papel de cocina absorbente para eliminar el exceso de aceite y, en la misma sartén, dorar la cebolla picada fina. Luego añadir el tomate, las alcaparras y las aceitunas troceadas, perejil y guindilla; dejar cocer durante 10 minutos.

Incorporar la berenjena y cocinar unos minutos más para que los ingredientes se mezclen bien.

Distribuir este relleno en las mitades de pimiento.

Disponer los pimientos rellenos en una fuente para horno, espolvorearlos con perejil, un poco de preparado para empanar y queso rallado. Asarlos en el horno precalentado a 180 °C durante 10 minutos.

albóndigas al horno

**Ingredientes para
2 personas:**

300 g de carne picada
80 g de preparado para
  empanar*
20 g de grana padano rallado
2 cucharadas de leche
1 patata
1 huevo
1 chalota
Perejil
Sal

Tiempo de preparación:
55 minutos

Cocer la patata, pelarla y machacarla para reducirla a puré.

Mezclar la carne picada con el puré de patata, añadir la leche, el huevo, el queso rallado, la chalota y perejil bien picados y una pizca de sal.

Formar con la masa de carne pequeñas bolitas y rebozarlas en el preparado para empanar. Disponerlas en la bandeja de horno recubierta con papel.

Cocinarlas a 180 °C durante unos 30 minutos.

alcachofas crujientes

Ingredientes para
4 personas:

100 g de preparado para
    empanar*
50 g de grana padano rallado
4 huevos
6 alcachofas
Menta
Albahaca
1 limón
Aceite de oliva virgen extra
Sal

Tiempo de preparación:
40 minutos

Lavar las alcachofas y eliminar las puntas y las hojas más duras. Rociarlas con el zumo del limón.

Mezclar el queso y el preparado para empanar en un plato hondo.

Añadir menta y albahaca picadas finitas.

Batir los huevos con un tenedor y añadir una pizca de sal.

Cortar las alcachofas en trocitos y pasarlas primero por el huevo y luego por la mezcla de queso y preparado para empanar.

Colocarlas en una fuente previamente untada con una cucharada de aceite y hornearlas a 180 °C durante 20 minutos.

filetes de lenguado rebozados

Ingredientes para
4 personas:

4 lenguados
100 g de harina de arroz*
1 limón
Aceite de oliva virgen extra
Sal y pimienta

Tiempo de preparación:
20 minutos + 2 horas
    de marinado

Poner a marinar el pescado en aceite, sal, pimienta y zumo de limón.

Preparar el rebozado añadiendo un poco de agua a la harina y batiendo con un tenedor hasta obtener una pasta fluida.

Transcurridas 2 horas, secar los lenguados y sumergirlos en el rebozado. A continuación, freírlos en aceite bien caliente.

mejillones con rebozado de puerro

**Ingredientes para
4 personas:**

500 g de mejillones grandes
100 g de harina para masas
    saladas
1,5 dl de cerveza rubia*
2 huevos
2 chalotas
2 cucharadas de mayonesa*
1 puerro
1 ramita de tomillo
1 limón
1 vaso de vino blanco seco
1 ramillete de perejil
1 sobrecito de azafrán
1 cucharadita de *curry**
Aceite de oliva virgen extra
Sal y pimienta

Tiempo de preparación:
40 minutos + 2 horas
    de reposo

Batir un huevo en un cuenco y salarlo ligeramente. Picar el puerro finito y montar una clara a punto de nieve. Incorporar delicadamente al huevo batido la clara montada, el puerro, la harina y la cerveza. Cubrir esta mezcla para rebozar con film de cocina y dejarla reposar en el frigorífico durante al menos 1 hora.

Lavar bien los mejillones y echarlos en una sartén grande con las chalotas y el tomillo picados. Rociarlos con el vino, espolvorearlos con pimienta y dejar que se abran a fuego vivo.

Sacar los moluscos de las conchas y echarlos en un cuenco con el zumo del limón, el perejil picado y dos cucharadas de aceite. Cubrirlos con film de cocina y dejarlos reposar en el frigorífico durante al menos 1 hora.

Transcurrido dicho tiempo, sacar los mejillones del frigorífico, pasarlos por el rebozado de puerro y freírlos en abundante aceite bien caliente.

Cuando estén dorados, dejarlos escurrir sobre papel de cocina absorbente. Servirlos calientes con un poco de *curry* y azafrán.

escalopines con crema de zanahoria

**Ingredientes para
4 personas:**

8-10 escalopines pequeños
    de ternera
30 ml de nata
4 zanahorias medianas
4 cucharadas de harina para
    masas saladas
1 cebolla
Aceite de oliva virgen extra
Sal

Tiempo de preparación:
25 minutos

Rebozar los escalopines en la harina dispuesta en un plato llano, con cuidado de que queden bien cubiertos. Pelar las zanahorias, lavarlas y cortarlas en tiras finas, en juliana.

Dorar en una sartén la cebolla picada fina con un chorrito de aceite; sacudir los escalopines para eliminar el exceso de harina y dorarlos en la sartén por ambos lados.

Añadir la zanahoria, salar al gusto y cocinar hasta que la zanahoria se reduzca a una crema suave.

Se pueden añadir, antes de finalizar la cocción, dos cucharadas de nata para obtener una crema aún más suave.

setas rellenas

**Ingredientes para
4 personas:**

**8 boletus
100 g de carne picada
1 panecillo
1 huevo
200 ml de leche
1 diente de ajo
Perejil
Caldo de verduras
Aceite de oliva virgen extra
Sal y pimienta**

Tiempo de preparación:
30 minutos

Limpiar bien las setas. Reservar los sombreros y trocear los pies. Remojar en la leche la miga del panecillo.

En una sartén con un poco de aceite, el diente de ajo y una pizca de sal, saltear las setas picadas, la carne y la miga de pan. Dejar cocer unos minutos y luego, con la sartén fuera del fuego, incorporar el huevo batido, perejil picado y una pizca de sal.

Mezclar bien los ingredientes y rellenar con esta mezcla los sombreros de los boletus.

Disponer las setas en una fuente untada con una cucharada de aceite y hornearlas a 180 ºC durante 10 minutos, rociándolas con un poco de caldo de verduras si fuera necesario.

gambas en salsa de limón

**Ingredientes para
4 personas:**

**800 g de gambas peladas
100 g de mantequilla
400 ml de leche
25 g de harina de arroz*
1 limón
Unas hojas de lechuga
Sal y pimienta**

Tiempo de preparación:
20 minutos

Escaldar las gambas en agua salada durante 6 minutos.

Derretir la mantequilla en una sartén a fuego medio, apartar la sartén del fuego e incorporar la harina; remover rápidamente. Para conseguir una crema compacta, diluir la mezcla con la leche, vertiéndola poco a poco a chorritos.

Agregar la piel del limón rallada y espesar la salsa sin dejar de remover durante unos cuantos minutos.

Escurrir las gambas y disponerlas en una fuente cuyo fondo se habrá cubierto con un lecho de lechuga.

Regarlas con la salsa de limón y espolvorearlas con un poco de pimienta recién molida.

hamburguesas vegetales

**Ingredientes para
4 personas:**

250 g de judías en conserva
50 g de grana padano rallado
50 g de queso de oveja rallado
Preparado para empanar*
1 patata
1 cebolla
Aceite de oliva virgen extra
Sal

Tiempo de preparación:
45 minutos

Cocer la patata, pelarla y machacarla con un tenedor. Añadir las judías lavadas y escurridas, machacarlas también con el tenedor y agregar los quesos y la cebolla picada fina.

Salar e incorporar un poco de preparado para empanar, el necesario para conseguir una mezcla fácil de amasar.

Con las manos ligeramente húmedas, modelar con la masa bolas bastante grandes y luego aplastarlas para darles forma de hamburguesa.

Pasar las hamburguesas por preparado para empanar, de modo que queden bien cubiertas.

Disponer todas las hamburguesas en una bandeja cubierta con papel de horno y cocinarlas a entre 180 °C -200 °C durante 30 minutos.

barquitas de garbanzo con tocino ibérico

**Ingredientes para
4 personas:**

250 g de harina de garbanzos
**200 g de tocino ibérico curado
   en lonchas finas**
60 g de aceitunas negras
2 dientes de ajo
1 ramita de romero
1 limón
**1 pizca de guindilla roja molida
   o cayena**
Aceite de oliva virgen extra
Sal y pimienta

Tiempo de preparación:
**45 minutos + 40 minutos
   de enfriado**

Disolver la harina de garbanzos en 1 litro de agua templada, con cuidado de que no se formen grumos. Añadir dos cucharadas de aceite y una pizca de sal.

Cocer la mezcla a fuego lento, removiendo continuamente, como para preparar una polenta, durante unos 30 minutos.

Verter la masa sobre una superficie de mármol untada con aceite y extenderla de modo que quede de un grosor de aproximadamente 1 cm. Dejarla enfriar por completo y luego recortar de la masa pequeños rectángulos. Freírlos en aceite bien caliente.

Picar el ajo y el romero muy finos y mezclarlos con tres cucharadas de zumo de limón colado.

Disponer sobre las barquitas de garbanzo las lonchitas de tocino y las aceitunas, y aromatizar con una pizca de pimienta y guindilla. Decorarlas al gusto con trocitos romero y servirlas acompañadas del zumo de limón aromatizado.

ensalada de quinua, aguacate y piña

**Ingredientes para
2 personas:**

100 g de quinua*
1 aguacate
1/2 piña madura
2 tomates
1 limón
1 ramillete de perejil
Aceite de oliva virgen extra
Sal

Tiempo de preparación:
30 minutos

Lavar los tomates y cortarlos en trozos grandes.

Pelar el aguacate y cortarlo en trocitos muy pequeños; proceder de igual modo con la piña.

Picar bien el perejil.

Poner la quinua en un cazo con el doble de agua que de cereal y cocerla hasta que absorba toda el agua. Luego dejarla enfriar.

Reunir todos los ingredientes en un cuenco y remover. Condimentar con dos cucharadas de aceite y el zumo del limón.

pez espada en salsa agridulce de cebolla

**Ingredientes para
4 personas:**

4 rodajas de pez espada
50 g de harina de arroz*
30 g de mantequilla
Aceite de semillas de soja
2 cebollas
**2 cucharadas de vinagre
    de vino blanco**
2 cucharadas de vino dulce
1 cucharada rasa de azúcar
Jengibre fresco

Tiempo de preparación:
30 minutos

Cortar la cebolla en aros finos y dorarlos en una sartén con una cucharada de aceite. Rociarlos con el vino y dejar que se evapore. Agregar el vinagre, el azúcar y jengibre rallado.

Agregar una tacita de agua caliente, salar y dejar cocer a fuego lento durante 10 minutos.

Aparte, enharinar las rodajas de pescado y freírlas en la mantequilla fundida, dándoles la vuelta una vez.

Transferir el pescado a una fuente de horno, regarlo con la salsa agridulce de cebolla y asarlo en el horno precalentado a 180 ºC. Encender el grill y dejar que el pescado se gratine durante un par de minutos.

bocaditos de merluza en salsa de yogur

**Ingredientes para
4 personas:**

500 g de filetes de merluza
125 g de yogur griego
100 g de requesón
100 g de espinacas
50 g de harina de arroz*
1 cebolla
Cebollino
Aceite de oliva virgen extra
Sal y pimienta

Tiempo de preparación:
1 hora

Pelar y picar la cebolla. Sofreírla en una sartén con una cucharada de aceite durante 2-3 minutos.

Cortar los filetes de merluza en bocaditos de unos 3 cm, ponerlos en un plato, espolvorearlos con pimienta y enharinarlos.

Sacudirlos para eliminar el exceso de harina y echarlos en la sartén, añadiendo un poco de agua. Cocinarlos durante 5 minutos, luego darles la vuelta y proseguir la cocción durante 5 minutos más.

Hervir las espinacas. Escurrirlas, trocearlas y desmenuzarlas.

Preparar la salsa mezclando el yogur con el requesón. Añadir cebollino picado finito y las espinacas.

Verter la salsa en un plato de servicio y disponer sobre ella los bocaditos de merluza.

albóndigas de guisantes y queso feta

**Ingredientes para
4 personas:**

300 g de guisantes cocidos
100 g de queso feta
**2 cucharadas de harina
    de arroz***
**1 cucharada de semillas
    de sésamo**
1 huevo
Aceite de oliva para freír
Hojas de lechuga
Sal

Tiempo de preparación:
20 minutos

Pasar los guisantes por el pasapuré y mezclarlos con el queso desmenuzado. Añadir la harina, el huevo, las semillas de sésamo y una pizca de sal. Con las manos húmedas, formar albóndigas con la mezcla.

Freírlas medio minuto por cada lado en una sartén antiadherente con abundante aceite, hasta que queden doradas y crujientes.

Dejarlas escurrir en papel de cocina absorbente.

Servirlas sobre un lecho de hojas de lechuga.

redondo de ternera con berza y zanahoria

Ingredientes para 6 personas:

500 g de carne de vacuno picada

100 g de queso semicurado

50 g de queso de oveja rallado

80 g de preparado para empanar*

3 huevos

3 zanahorias

1 berza

1 cebolla

1/2 vaso de vino blanco

1 cucharada de salsa de tomate

Aceite de oliva virgen extra

Guindilla roja molida o cayena

Sal

Tiempo de preparación:
1 hora

Amasar la carne picada con un huevo, 50 g de preparado para empanar, el queso rallado, sal y guindilla.

Cortar el queso semicurado en daditos y añadirlos a la mezcla.

Cocer dos huevos, dejarlos enfriar y pelarlos.

Dar a la masa forma de redondo tras introducir los dos huevos cocidos en su interior.

Rebozar el redondo en el preparado para empanar y envolverlo en las hojas más grandes de la berza.

Laminar la cebolla y saltearla en aceite en una cazuela baja y amplia; incorporar las zanahorias una vez peladas y cortadas en trocitos, y también la berza cortada en tiras.

Disponer el redondo en la cazuela y dorarlo por todos lados, volteándolo a menudo. Añadir una pizca de sal y otra de guindilla, rociar el redondo con el vino blanco y proseguir la cocción durante 15 minutos más.

Cortarlo en rodajas y servirlo acompañado de las verduras y el jugo de la cocción.

redondo vegetariano

**Ingredientes para
6 personas:**

500 g de calabacines
300 g de patatas
2 huevos
40 g de queso de oveja rallado
40 g de grana padano rallado
**40 g de preparado para
    empanar***
1 cebolla
1 diente de ajo
1 ramillete de perejil
Aceite de oliva virgen extra
Sal y pimienta

Tiempo de preparación:
1 hora y 15 minutos

Lavar las patatas y cocerlas con la piel, introduciéndolas en el agua cuando aún esté fría, durante aproximadamente 30 minutos.

Quitar las puntas a los calabacines, lavarlos, secarlos y cortarlos en rodajitas finas.

Pelar la cebolla y cortarla en rodajitas finas. Dorarla en una sartén con cuatro cucharadas de aceite y el diente de ajo partido por la mitad. Agregar el calabacín, una pizca de sal y otra de pimienta, y cocer unos 15 minutos.

Escurrir las patatas, pelarlas y triturarlas con el pasapuré mientras aún estén calientes.

Añadir al puré de patata los huevos batidos con los dos quesos rallados. Incorporar el calabacín, eliminando el ajo, y sazonar con un puñadito de perejil picado. Trabajar los ingredientes hasta obtener una masa homogénea.

Con las manos húmedas, dar a la masa forma de redondo.

Rebozar el redondo en el preparado para empanar y colocarlo en una fuente cubierta con papel de horno ligeramente untado con aceite.

Asar el redondo en el horno precalentado a 180 °C durante 45 minutos.

Dejar que se entibie y servir el redondo cortado en rodajas.

redondo de pescado

**Ingredientes para
6 personas:**

600 g de filetes de perca
300 g de gambas
125 g de yogur natural
100 g de miga de pan blanco
100 g de acelgas
100 ml de leche
100 ml de *brandy*
50 g de mayonesa*
100 ml de nata
1 sobrecito de azafrán
Sal y pimienta

Tiempo de preparación:
50 minutos + 50 minutos
    de enfriado

Elegir las hojas más tiernas de las acelgas y, después de lavarlas, escaldarlas en agua hirviendo. Colarlas, escurrirlas bien y dejarlas enfriar extendidas sobre un paño limpio.

Pelar las gambas y cortarlas en trocitos. Poner la miga de pan a remojar en la leche.

Hervir los filetes de perca.

Echar en un cuenco una cuarta parte del pescado y la miga de pan, y mezclarlos con un tenedor. Incorporar las gambas, la nata, una pizca de azafrán y el *brandy*. Salpimentar y mezclar los ingredientes con cuidado.

Colocar el resto de filetes de perca sobre una lámina de papel de aluminio sin dejar espacio entre uno y otro, disponer las hojas de acelga encima del pescado y, por último, extender la mezcla preparada.

Dar forma al redondo con ayuda del papel de aluminio y cocerlo a fuego lento (preferiblemente en el agua que haya quedado de cocer el pescado) durante 25 minutos.

Dejar enfriar el redondo, quitarle el papel de aluminio y cortarlo en rodajas gruesas.

Disponerlas en un plato de servicio y servirlas acompañadas de una salsita preparada emulsionando el yogur, la mayonesa y azafrán.

rollitos de tortilla con calabacín

**Ingredientes para
2 personas:**

120 g de lechugas variadas
20 g de grana padano rallado
100 ml de nata
4 huevos
2 calabacines
1 diente de ajo
Perejil picado
1 cucharadita de *curry*
Aceite de oliva virgen extra
Sal y pimienta

Tiempo de preparación:
25 minutos

Batir los huevos con la nata, una pizca de sal y otra de pimienta, el *curry* y el queso rallado.

Cortar los calabacines en juliana, saltearlos en una sartén con aceite y el ajo, cocinándolos durante 5-8 minutos. Añadir una cucharada de perejil picado y dejar que los calabacines cojan sabor durante una par de minutos más.

Incorporar la verdura a los huevos y mezclar muy bien.

Cocinar la tortilla en una sartén grande.

Cuando esté lista, enrollarla y cortarla en rodajas gruesas. Servir los rollitos sobre un lecho de lechugas variadas.

albóndigas de pescado envueltas

**Ingredientes para
4 personas:**

100 g de filetes de salmón
100 g de filetes de pescadilla
100 g de colas de langostino
70 g de espaguetis finos
40 g de harina de arroz*
Tabasco
2 huevos
Semillas de sésamo
Semillas de mostaza negra
1 lima
Aceite de cacahuete
Sal

Tiempo de preparación:
40 minutos

Cocer los espaguetis al dente en abundante agua con sal. Escurrirlos y enfriarlos bajo el grifo.

Triturar el pescado en la batidora con unas gotas de tabasco, una clara de huevo y una pizca de sal hasta obtener una mezcla homogénea.

En un plato hondo, batir un huevo con dos cucharadas de agua. Con la mezcla de pescado, modelar unas albóndigas ovaladas y pasarlas por la harina y luego por el huevo batido.

Enrollar alrededor de cada albóndiga unos cuantos espaguetis y freírlas en aceite bien caliente durante 3-4 minutos por cada lado.

Dejarlas escurrir sobre papel de cocina absorbente y colocarlas en un plato de servicio. Espolvorear un parte con una cucharadita de semillas de sésamo y la otra con una cucharadita de semillas de mostaza. Decorar con gajos de lima y servir.

flanes de tomates secos

**Ingredientes para
4 personas:**

150 g de requesón
**100 g de tomates secos
    en aceite**
50 g de harina de maíz*
50 g de grana padano rallado
1 huevo
Mantequilla
Sal y pimienta

Tiempo de preparación:
45 minutos

En un cuenco, mezclar el requesón con el huevo, la harina y el queso. Salpimentar y remover hasta obtener una mezcla homogénea.

Echar los tomates secos con un poco de su propio aceite en el vaso de la batidora y triturarlos. Agregarlos a la mezcla previamente preparada y remover bien.

Untar unas flaneras individuales con mantequilla y repartir en ellas el preparado. Pintar los flanes con un poco de mantequilla y espolvorearlos con harina de maíz.

Cocerlos en el horno precalentado a 180 °C durante 15-20 minutos, hasta que estén bien dorados.

flanes de berza con queso fundido

**Ingredientes para
4 personas:**

400 g de berza
250 ml de nata
100 g de queso fontina
30 g de mantequilla
20 g de maicena*
3 huevos
2 dl de leche
1 cebolla
Albahaca
Perejil
Sal y pimienta blanca

Tiempo de preparación:
1 hora y 20 minutos

Lavar la berza, eliminar las hojas más duras y el nervio central, y cortarla en tiritas.

Pelar la cebolla, picarla fina y dorarla con la mantequilla. Agregar la berza y estofarla en la sartén tapada durante 10 minutos. Luego, apartar la sartén del fuego y dejar enfriar. Picar albahaca y perejil y mezclarlos con la nata, añadiendo también los huevos y la berza; remover bien los ingredientes.

Untar con mantequilla flaneras individuales y verter en ellas la mezcla de berza. Disponer las flaneras en una cazuela con agua y cocer los flanes al baño maría en el horno precalentado a 170 °C durante 50 minutos.

Mientras tanto, preparar el queso fundido. Hervir la leche y añadir la maicena, previamente disuelta en un poquitín de agua. Agregar el fontina cortado en dados y apartar inmediatamente del fuego.

Remover con unas varillas hasta que el queso quede completamente fundido y sazonar con una pizca de pimienta blanca.

Desmoldar los flanes en platos individuales y servirlos acompañados del queso fundido bien caliente.

pescado en salsa de nata

**Ingredientes para
4 personas:**

**4 rodajas de pescado blanco
200 ml de nata
100 g de panceta
40 g de harina de arroz*
20 g de mantequilla
1 vaso de vino dulce
1/2 cucharadita de cúrcuma
Sal y pimienta**

Tiempo de preparación:
20 minutos

Enharinar las rodajas de pescado y dorarlas en la mantequilla en una sartén antiadherente junto con la panceta picada fina.

Darles la vuelta y rociarlas con el vino.

Dejar que el alcohol se evapore a fuego vivo y, transcurridos algunos minutos, añadir la nata y la cúrcuma.

Salpimentar y dejar que el pescado se siga cocinando durante 5 minutos más.

Disponer el pescado en un plato de servicio y servirlo caliente, acompañado de la crema de cocción.

pastel de mijo y verduras

**Ingredientes para
4 personas:**

**200 g de mijo*
100 g de requesón fresco
15 g de preparado para
   empanar*
1 dl de salsa de tomate
   concentrada
1 berenjena
1 pimiento
1 cebolla
1 calabacín
Aceite de oliva virgen extra
Sal**

Tiempo de preparación:
1 hora y 20 minutos

Cortar la berenjena en rodajitas y disponerlas en un cuenco, espolvoreando cada rodaja con un poco de sal. Dejarlas reposar durante al menos 30 minutos. Cocer el mijo en agua con sal durante 20 minutos y luego escurrirlo y aderezarlo con el tomate, el requesón desmenuzado y una pizca de sal.

Lavar las rodajas de berenjena, secarlas y freírlas.

Cortar el pimiento en tiritas después de haberlo limpiado, picar la cebolla y cortar el calabacín en rodajas.

Sofreír la cebolla, el calabacín y el pimiento. Después añadir a la sartén la mezcla de mijo y remover bien.

Cubrir el fondo y las paredes de una fuente para horno con las rodajas de berenjena y distribuir en el interior la mezcla de mijo y verduras. Espolvorear el pastel con el preparado para empanar y cocerlo en el horno precalentado a 220 °C durante unos 30 minutos.

Servirlo caliente o templado, directamente de la fuente o bien desmoldado en un plato de servicio.

postres

tarta de coco y maracuyá

**Ingredientes para
8 personas:**

150 g de azúcar en polvo
    (azúcar de lustre=
120 g de mantequilla a
    temperatura ambiente
90 g de harina para masas
    dulces
90 g de harina de coco
4 huevos
4 maracuyás
2 cucharaditas de bicarbonato
Azúcar glas*

Tiempo de preparación:
1 hora

Precalentar el horno a 180 °C, con el ventilador encendido.

Mezclar bien todos los ingredientes en un robot de cocina, a excepción de la fruta.

Pasar la pulpa de los maracuyás por un colador y agregar a la masa el jugo obtenido junto con dos cucharadas de las semillas.

Mezclar bien los ingredientes y verter la masa en un molde para tartas previamente recubierto con papel de horno.

Hornear la tarta durante 45 minutos: la superficie debe quedar dorada.

Dejarla enfriar sobre una rejilla.

Antes de servirla, espolvorearla con azúcar glas.

tarta de queso y arándanos

**Ingredientes para
8-10 personas:**

200 g de galletas*
80 g de mantequilla
500 g de requesón
200 ml de nata fresca
180 g de azúcar
3 huevos
1 vaina de vainilla
125 g de arándanos frescos
Sal

Tiempo de preparación:
1 hora y 30 minutos + 2 horas
    de enfriado

Precalentar el horno a 190 °C, con el ventilador encendido.

Derretir la mantequilla en un cacito, verterla sobre las galletas desmenuzadas y remover bien.

Untar un molde con un poco de mantequilla y recubrir el fondo con la mezcla de galleta, nivelando la superficie con ayuda de los dedos. Dejar reposar en el frigorífico durante 15 minutos.

Mezclar el resto de ingredientes en un robot de cocina a velocidad media-alta hasta obtener una pasta fluida y homogénea. Por último, añadir los arándanos y remover delicadamente con una cuchara de madera. Verter la mezcla en el molde.

Hornear durante 1 hora: la superficie debe quedar dorada y firme al tacto.

Pasar inmediatamente un cuchillo romo por el borde de la tarta para luego desmoldarla mejor y dejarla enfriar completamente sin sacarla del molde. Refrigerarla durante al menos 2 horas antes de servirla.

bizcocho

**Ingredientes para
6 personas:**

150 g de almidón de maíz*
150 g de harina de maíz
   ultrafina*
80 g de azúcar
80 g de margarina biológica
50 g de azúcar glas*
3 huevos
1 sobrecito de levadura
   de repostería*
Sal

Tiempo de preparación:
1 hora

Precalentar el horno a 175 °C, con el ventilador encendido.

Con las varillas eléctricas, montar las claras a punto de nieve junto con el azúcar glas y una pizca de sal; reservarlas.

Batir muy bien las yemas con el azúcar y la margarina hasta obtener una mezcla espumosa. Luego añadir la harina de maíz, el almidón y la levadura, todo tamizado.

Por último, agregar las claras montadas, incorporándolas con cuidado a la masa.

Hornear durante 40 minutos y dejar enfriar el bizcocho sobre una rejilla.

Sugerencia para rellenar el bizcocho

Montar 200 ml de nata fresca con las varillas eléctricas. Lavar una barqueta de fresas silvestres y secarlas bien con papel de cocina absorbente.

Cortar el bizcocho en horizontal, extender sobre una mitad una capa de nata montada y fresas, y cerrar con la otra mitad del bizcocho. Espolvorear por encima azúcar glas.

tarta de chocolate y café

**Ingredientes para
8 personas:**

300 g de chocolate negro*
120 g de margarina biológica
3 huevos
**1 cucharada de harina para
masas dulces**
1 cucharada de café soluble*
1 cucharada de ron
Grosellas rojas frescas

Tiempo de preparación:
1 hora

Precalentar el horno a 200 °C, con el ventilador encendido.

Trocear el chocolate y derretirlo en un cacito al baño maría.
Apartarlo del fuego y añadir el café soluble. Dejar que se
enfríe por completo.

Montar las claras a punto de nieve con las varillas eléctricas e
incorporarlas delicadamente a la mezcla de chocolate.

Con ayuda de un robot de cocina, mezclar las yemas, la
margarina previamente ablandada, la harina y el ron hasta
obtener una crema suave. Añadirla a la mezcla de chocolate.

Verter la masa en un molde previamente untado con aceite.

Hornear durante 30 minutos. Dejar enfriar la tarta sobre una
rejilla de horno y decorarla con las grosellas.

rulo de chocolate

**Ingredientes para
8 personas:**

300 g de galletas maría*
100 g de mantequilla
100 g de cacao amargo*
250 g de azúcar
2 huevos

Tiempo de preparación:
**15 minutos + 2 horas
de enfriado**

Dejar que la mantequilla se ablande a temperatura ambiente
y montarla a punto de pomada con el azúcar y los huevos.
Añadir el cacao y las galletas previamente desmenuzadas.
Si fuera necesario, suavizar la masa añadiendo un poco de
agua.

Trabajar la mezcla con una cuchara y luego, con las manos,
darle forma de rulo, como un salchichón, de unos 35 cm
de largo.

Envolverlo en papel de aluminio y dejarlo reposar en el
frigorífico durante al menos 2 horas para que se endurezca.

En el momento de servirlo, cortarlo en porciones de
aproximadamente 1 cm de grosor.

tarta de la abuela

**Ingredientes para
6-8 personas:**

Para la pastaflora:
150 g de harina de arroz*
90 g de azúcar
**90 g de mantequilla a
    temperatura ambiente**
**70 g de harina de maíz
    ultrafina***
2 cucharadas de leche
1 huevo
1/2 cucharadita de bicarbonato
Sal

Para el relleno:
400 g de requesón fresco
150 g de azúcar
80 g de chocolate negro*
2 huevos
Canela en polvo*

Tiempo de preparación:
1 hora + 1 hora de enfriado

Preparar la pastaflora mezclando todos los ingredientes
a mano o con un robot de cocina a velocidad alta.

Precalentar el horno a 180 °C, con el ventilador encendido.

Reducir el requesón a puré y añadirle las yemas, el azúcar,
el chocolate en virutas y una pizca de canela en polvo.

Montar las claras a punto de nieve con las varillas eléctricas
e incorporarlas con cuidado a la mezcla de requesón.

Estirar la pastaflora formando un disco y forrar con ella
un molde para tartas; agujerear el fondo con los dientes
de un tenedor.

Verter el relleno en el interior y recubrirlo con otro disco
de pastaflora.

Hornear la tarta durante 40 minutos: la superficie deberá
quedar dorada y firme al tacto.

Dejarla enfriar por completo en el molde antes
de sacarla del horno.

Introducirla en el frigorífico durante 1 hora antes de servir.

tarta de limón

**Ingredientes para
6-8 personas:**

Para la pastaflora:
150 g de harina de arroz*
90 g de azúcar
**90 g de mantequilla a
    temperatura ambiente**
**70 g de harina de maíz
    ultrafina***
2 cucharadas de leche
1 huevo
1/2 cucharadita de bicarbonato
Sal

Para el relleno:
200 g de azúcar
2 huevos
1 clara
2 limones

Tiempo de preparación:
**1 hora + 30 minutos
    de enfriado**

Para preparar la pastaflora, mezclar bien durante 1 minuto todos los ingredientes en un robot de cocina.

Tomar la masa, compactarla bien y dividirla en dos partes: envolverlas en un paño y dejarlas reposar en el frigorífico durante 30 minutos.

Precalentar el horno a 180 °C, con el ventilador encendido.

Con ayuda de un rodillo, estirar una de las mitades de la pastaflora, forrar un molde redondo y agujerear el fondo.

Montar bien los huevos y el azúcar con unas varillas eléctricas; luego, añadir la piel del limón rallada y el zumo del limón colado. Echar la mezcla en un cazo y dejar que se espese al fuego durante unos minutos.

Dejar enfriar el relleno unos 10 minutos y verterlo en el molde.

Estirar la parte restante de la pastaflora y recubrir la tarta, sellando bien los bordes.

Hornear la tarta durante 35 minutos.

Dejar que se enfríe completamente antes de servir.

tarta de pera y coco

**Ingredientes para
8 personas:**

200 g de harina para masas
    dulces
1/2 sobrecito de levadura*
160 g de mantequilla
100 g de azúcar
4 huevos
80 g de coco deshidratado
3 peras williams

Tiempo de preparación:
45 minutos

Derretir la mantequilla a fuego lento en un cacito, verterla sobre el azúcar y batirla a punto de pomada.

Añadir los huevos de uno en uno, removiendo con las varillas, y luego añadir la harina tamizada, la levadura, el coco y las peras cortadas en láminas finas.

Verter la masa en un molde redondo previamente untado con mantequilla y hornear la tarta a 180 °C durante 30 minutos.

tarta de requesón

**Ingredientes para
8 personas:**

350 g de harina para masas
    dulces
1 sobrecito de levadura*
350 g de requesón
300 g de azúcar
3 huevos
1 vaso de leche
100 g de pasas
20 g de mantequilla
1 limón
1 pizca de sal
Chocolate negro*

Tiempo de preparación:
1 hora

Poner a remojar las pasas en agua templada.

Mientras tanto, batir el requesón con la leche y una pizca de sal hasta que quede cremoso; añadir los huevos, la harina tamizada, la levadura, la piel del limón rallada y el azúcar; mezclar bien los ingredientes hasta obtener una masa homogénea.

Trocear las pasas, enharinarlas y agregarlas a la mezcla. Verterla en un molde de bordes altos previamente untado con mantequilla y enharinado.

Hornear la tarta durante 40 minutos a 180 °C.

Al requesón se le pueden añadir virutas de chocolate negro rallado o una manzana cortada en trocitos.

tarta de castaña

**Ingredientes para
6 personas:**

150 g de harina de castañas
130 ml de leche
80 g de chocolate negro*
50 g de azúcar
1 huevo
1/2 vaina de vainilla
1/2 sobrecito de levadura
   de repostería*
Sal

Tiempo de preparación:
1 hora

Precalentar el horno a 200 ºC, con el ventilador encendido.

Triturar el chocolate en la picadora y reservarlo.

Mezclar todos los ingredientes, salvo el chocolate, con
el robot de cocina. Cuando todos los ingredientes estén
integrados, añadir el chocolate picado.

Revestir un molde para tartas con papel de horno y verter
la mezcla en él.

Hornear la tarta durante 40 minutos.

Dejar que se enfríe por completo sobre una rejilla antes
de servir.

tarta margarita

**Ingredientes para
8 personas:**

200 g de harina para masas
   dulces
100 g de fécula*
300 g de azúcar
4 huevos
1 sobrecito de levadura*
1 limón
Vainilla en polvo* o vainillina*
Azúcar glas*
Cacao en polvo*

Tiempo de preparación:
50 minutos

Mezclar bien la harina y la fécula con el azúcar y la levadura.

Agregar las yemas de los huevos y después las claras
montadas a punto de nieve, la vainilla o la vainillina y la piel
del limón rallada (y el zumo, si se desea, también).

Verter la masa en un molde y hornearla a 180 ºC durante
30 minutos, preferiblemente sobre una rejilla a media altura
en el horno.

Se puede servir la tarta espolvoreada con azúcar glas o con
cacao en polvo. Si se quiere personalizar, se puede recortar
en una hoja de papel una plantilla con la silueta de una flor,
o un corazón, o bien un número, en caso de que lo que se
celebre sea un cumpleaños.

tarta de manzana

**Ingredientes para
6-8 personas:**

300 g de manzanas peladas
**200 g de harina para masas
   dulces**
180 g de azúcar
60 g de margarina
50 g de almidón de maíz*
50 g de harina de avellanas
30 g de pasas rehidratadas
2 huevos
125 g de yogur natural
1 limón
1/2 sobrecito de levadura*

Tiempo de preparación:
1 hora

Precalentar el horno a 180 ºC, con el ventilador encendido.

Quitar el corazón a las manzanas y cortarlas en rodajitas; rociarlas con el zumo del limón y reservarlas.

Con ayuda de un robot de cocina, batir durante unos minutos los huevos con el azúcar; luego añadir todos los demás ingredientes, excepto la manzana, y trabajar la mezcla a velocidad media hasta obtener una masa suave y fluida. Por último, reservar unas rodajitas de manzana e incorporar el resto a la masa; remover delicadamente con una cuchara de madera.

Engrasar un molde y verter la masa en él; decorar la superficie al gusto con las rodajitas de manzana reservadas.

Hornear la tarta durante 45 minutos: la superficie debe quedar dorada y firme al tacto.

Dejarla enfriar completamente en el molde.

crepes

**Ingredientes para
4 personas:**

**100 g de harina para masas
   dulces**
2 huevos
250 ml de leche
1 nuez de mantequilla
1 cucharadita de azúcar
Sal

Tiempo de preparación:
20 minutos

Batir los huevos en un cuenco con una pizca de sal e incorporar la harina con cuidado de que no se formen grumos. Agregar la leche y el azúcar, y mezclar bien.

Calentar a fuego suave una sartén antiadherente tras untarla con un poco de mantequilla y, con ayuda de un cacillo, verter en la sartén una porción de la mezcla preparada.

Dejar que cuaje y adquiera un color ligeramente caramelizado en los bordes, y dar la vuelta a la *crepe* para que se haga por el otro lado; para voltearla se puede usar un plato llano o una tapa de mayor diámetro que la sartén utilizada.

Untar la sartén de vez en cuando con un poco de mantequilla y seguir haciendo *crepes* hasta agotar la mezcla.

Las *crepes* se pueden degustar de muchas maneras: con crema pastelera, con requesón batido con azúcar, con canela, con virutas de chocolate* o bien con una compota* o una mermelada* de fruta.

tarta con trocitos de chocolate

**Ingredientes para
6-8 personas:**

250 g de harina para masas
   dulces
150 g de azúcar
150 g de margarina biológica
   a temperatura ambiente
100 g de chocolate negro*
3 huevos
1 sobrecito de levadura*
Sal

Tiempo de preparación:
1 hora

Precalentar el horno a 175 °C, con el ventilador encendido.

Triturar el chocolate negro en una picadora.

Montar la margarina y el azúcar en un robot de cocina; añadir los huevos, uno a uno, hasta obtener una pasta clara. Agregar por último la harina, la levadura y una pizca de sal. Una vez que se tenga una masa homogénea, incorporar los trocitos de chocolate negro y mezclar.

Forrar el molde con papel de horno y verter sobre él la masa.

Hornear la tarta durante 40 minutos sin abrir el horno.

Sacarla del horno y, antes de servirla, dejar que se enfríe por completo.

Está aún más sabrosa si se deja reposar un día.

plumcake

**Ingredientes para
6 personas:**

80 g de harina de arroz*
80 g de fécula de patata*
1/2 sobrecito de levadura*
180 g de azúcar
3/4 de vaso de aceite
   de cacahuete
3 huevos
1 limón
Vainillina*

Tiempo de preparación:
1 hora

Batir los huevos con el azúcar durante unos 10 minutos.

Añadir la piel del limón rallada, la vainillina, la harina y la fécula, previamente mezcladas con la levadura y, si es posible, pasadas por un tamiz.

Por último, incorporar el aceite en un chorrito.

Verter la mezcla en un molde para bizcocho rectangular y hornear a 190 °C durante 40 minutos.

postre frío de chocolate

**Ingredientes para
8 personas:**

200 g de chocolate negro*
200 g de azúcar
150 g de mantequilla
4 huevos
1/2 vaina de vainilla

Tiempo de preparación:
1 hora + 1 hora de enfriado

Precalentar el horno a 180 °C, con el ventilador encendido.

Trocear el chocolate y derretirlo en un cacito al baño maría.
Apartar el cacito del fuego, añadir la mantequilla y remover
suavemente hasta que se derrita por completo. Dejar enfriar
durante 15 minutos. Por último, incorporar las yemas, el
azúcar y la vainilla.

Mientras tanto, montar las claras a punto de nieve con unas
varillas eléctricas e incorporarlas delicadamente a la mezcla
de chocolate.

Verter la mezcla en una fuente recubierta con papel de horno
y cocerla durante 40 minutos.

Dejar que el postre se enfríe por completo sobre una rejilla
y luego introducirlo en el frigorífico durante 1 hora.

tarta de piña y nueces

**Ingredientes para
6 personas:**

**75 g de harina para masas
    dulces (o bien fécula
    de patata* o maicena*)**
200 g de azúcar
50 g de mantequilla
3 huevos
Piña en almíbar
Nueces peladas
**1 cucharada de levadura
    en polvo***

Tiempo de preparación:
1 hora

En una fuente para horno, preferiblemente antiadherente,
verter 100 g de azúcar y cuatro cucharadas del almíbar de
la piña. Luego, caramelizar la mezcla al fuego, sin dejar de
girar el recipiente para distribuir el caramelo uniformemente.
Cuando el azúcar se haya disuelto y haya adquirido un tono
dorado, apartar la fuente del fuego y disponer sobre el fondo
una capa de rodajas de piña y de nueces.

Dejar reposar. Mientras, en un cuenco, mezclar con las
varillas eléctricas las yemas de los huevos con el azúcar
restante, la mantequilla previamente derretida, la harina,
la levadura, las claras montadas a punto de nieve
y el resto del almíbar de la piña.

Verter la mezcla en la fuente sobre las rodajas de piña
y hornear a 150 °C durante 40 minutos.

Nada más sacar la tarta del horno, desmoldarla y disponerla
en un plato de servicio: si se deja enfriar en la fuente, el
caramelo se solidifica y es imposible sacar la tarta del molde.

crema de tapioca y vainilla

**Ingredientes para
6 personas:**

500 ml de leche
80 g de azúcar
50 g de tapioca*
2 huevos
1 vaina de vainilla

Tiempo de preparación:
20 minutos

Disolver la tapioca con un poco de leche en un cazo. Luego, verter la leche restante, el azúcar y los huevos. Con la punta de un cuchillo, abrir la vaina de vainilla a lo largo y agregarla a la mezcla.

Cocer a fuego medio y dejar que la mezcla rompa a hervir.

Continuar removiendo durante unos minutos con unas varillas. Apartar el cazo del fuego y sacar la vainilla. Verter la crema en seis cuencos y dejar que se enfríe completamente.

Se puede servir la crema acompañada de bizcochitos del tipo lenguas de gato.

mousse de chocolate y ron

**Ingredientes para
4 personas:**

200 g de chocolate negro*
200 ml de nata fresca
2 huevos
2 cucharadas de ron
Sal
Cacao en polvo*

Tiempo de preparación:
2 horas

Trocear el chocolate y derretirlo al baño maría junto con la nata.

Dejar que el chocolate se enfríe por completo. Mientras tanto, separar las yemas de las claras.

Con las varillas eléctricas, montar las claras a punto de nieve, añadiendo una pizca de sal, y reservarlas.

Agregar las yemas y el ron a la mezcla de chocolate ya fría. Por último, incorporar poco a poco las claras, removiendo de abajo arriba.

Repartir la mezcla en cuatro cuencos y meterla en el frigorífico hasta que cuaje.

Espolvorear la *mousse* con cacao en polvo antes de servir.

tarta de zanahoria

Ingredientes para
8-10 personas:

300 g de zanahorias peladas
300 g de harina de almendras
300 g de azúcar glas*
100 g de harina para masas
  dulces
4 huevos
1 sobrecito de levadura
  de repostería*
1 limón
Sal

Tiempo de preparación:
1 hora y 10 minutos

Precalentar el horno a 175 °C, con el ventilador encendido.

Con ayuda de un robot de cocina, mezclar a máxima potencia durante un minuto el azúcar, la harina de almendras, la piel del limón rallada y las zanahorias troceadas: se debe obtener un puré homogéneo.

Luego, añadir los huevos y mezclar a potencia media durante 10 segundos.

Después incorporar la harina, una pizca de sal y, por último, la levadura.

Mezclar el compuesto en el robot a máxima potencia durante unos segundos, hasta conseguir una masa homogénea.

Untar con mantequilla un molde para tartas y verter en él la mezcla.

Hornear la tarta durante 1 hora.

Dejarla enfriar completamente sobre una rejilla.

copa blanca con frutos del bosque

**Ingredientes para
6 personas:**

**500 g de yogur natural
desnatado, tipo griego**
**250 g de frutos del bosque
frescos**
**2 cucharadas de miel
de acacia**
1 vaina de vainilla

Tiempo de preparación:
30 minutos

Verter en un cuenco grande el yogur, los frutos del bosque
lavados (reservar algunos para decorar) y la miel.

Abrir la vaina de vainilla a lo largo, extraer las semillas con
un cuchillo y mezclarlas con el resto de los ingredientes.

Con ayuda de un cucharón, verter la crema en vasos,
cuencos o copas anchas y decorar con los frutos del
bosque reservados.

crema de limón

**Ingredientes para
6 personas:**

500 ml de leche
100 g de azúcar
50 g de fécula de patata*
2 huevos
1 limón

Tiempo de preparación:
20 minutos

Calentar la leche en un cazo.

Mientras tanto, en un cuenco, mezclar con una cuchara
de madera el azúcar, los huevos, la fécula y la piel del limón
rallada hasta obtener un compuesto cremoso.

A continuación, verter la leche caliente y remover bien.

Poner a calentar la crema, removiendo con unas varillas para
evitar que se formen grumos. Cocerla hasta que rompa
a hervir y se espese un poco.

Apartarla del fuego y distribuirla en recipientes individuales.

Decorar con tiritas de piel de limón.

Se puede servir acompañada de unos bocaditos de pasta
choux (ver la receta de la página 174).

crema de castaña y chocolate

**Ingredientes para
4 personas:**

250 g de crema de castaña
70 g de chocolate negro*
70 g de margarina biológica
25 g de azúcar de caña
    integral
1 cucharada de coñac
1 naranja
Cacao amargo en polvo*
Marron glacé troceados

Tiempo de preparación:
**30 minutos + 4 horas
    de enfriado**

Derretir el chocolate al baño maría y dejarlo enfriar durante unos 10 minutos.

Luego, añadir la margarina, la crema de castaña, el azúcar, la piel rallada de media naranja y el coñac.

Mezclar bien todos los ingredientes y distribuir la crema en cuencos individuales.

Dejarla reposar en el frigorífico durante al menos 4 horas.

Antes de servir, decorar los cuencos con abundante cacao amargo y trocitos de *marron glacé*.

crema de vainilla

**Ingredientes para
6 personas:**

500 ml de leche
100 g de azúcar
50 g de maicena*
4 yemas
1 vaina de vainilla

Tiempo de preparación:
20 minutos

Abrir la vaina de vainilla a lo largo con la punta de un cuchillo.

En un cazo de fondo grueso, calentar la leche junto con la vaina y las semillas de vainilla.

Mientras tanto, en un cuenco, batir enérgicamente con unas varillas el azúcar, las yemas y la maicena hasta obtener una crema suave y sin grumos.

Sacar la vaina de vainilla de la leche caliente, verter esta sobre la crema y poner la mezcla al fuego. Dejar que la crema rompa a hervir removiendo continuamente con unas varillas. Cocerla durante 5 minutos.

Apartar la crema del fuego y servirla en cuenquitos.

semifrío de queso y fresa

**Ingredientes para
8 personas:**

**500 g de requesón de oveja
fresco**
250 g de mascarpone
150 g de azúcar glas*
1 barqueta de fresas

Tiempo de preparación:
**30 minutos + 8 horas
de enfriado**

Cortar los rabitos de las fresas, lavarlas y pasarlas por
la batidora para reducirlas a puré.

Con una cuchara de madera, mezclar en un cuenco el
requesón, el mascarpone y el azúcar. Por último, añadir
las fresas trituradas. Remover para integrarlo todo.

Verter la crema en moldes individuales, alisar bien la
superficie y recubrirlos con film de cocina.

Introducirlos en el congelador durante al menos 8 horas.

Sacar el semifrío del congelador 15 minutos antes de servirlo.

Decorarlo al gusto con algunas fresas.

panna cotta con salsa de fresa

**Ingredientes para
6 personas:**

400 ml de nata fresca
200 ml de leche
50 g de azúcar
3 láminas de gelatina (15 g)
**Aceite para engrasar
los moldes**

Para la salsa de fresa:
200 g de fresas
100 g de azúcar
1 limón

Tiempo de preparación:
**50 minutos + 3 horas
de enfriado**

Poner a remojar las láminas de gelatina en un cuenco con
agua fría durante al menos 15 minutos.

Verter el resto de ingredientes en un cazo de fondo grueso
y ponerlo al fuego; remover constantemente con una cuchara
de madera hasta que la crema rompa a hervir.

Apartar el cazo del fuego y añadir la gelatina bien escurrida.
Remover suavemente hasta que se disuelva por completo.

Distribuir la mezcla en seis moldes individuales ligeramente
untados de aceite.

Dejar enfriar la *panna cotta* durante 30 minutos a temperatura
ambiente y, luego, meterla en el frigorífico durante un par de
horas para que se solidifique.

Antes de servirla, preparar la salsa de fresa.

Reducirlas a puré con la batidora, agregando también
el azúcar y el zumo de medio limón.

Luego, echar la mezcla en un cacito y dejar que cueza durante
al menos 5 minutos.

Dejar enfriar la salsa y servirla como acompañamiento de la
panna cotta.

tiramisú con amaretti

**Ingredientes para
8 personas:**

500 g de mascarpone
100 g de azúcar
20 *amaretti*
**4 huevos a temperatura
    ambiente**
1 cucharada de ron
Café soluble*
Sal
Cacao amargo en polvo*

Tiempo de preparación:
**40 minutos + 2 horas
    de enfriado**

Separar las claras de las yemas. Montar las claras a punto
de nieve con las varillas eléctricas, añadiendo una pizca
de sal, y reservarlas.

Usar también las varillas eléctricas para montar las yemas
con el azúcar hasta obtener una espuma clara.

En ese momento, añadir el mascarpone y el ron, y remover
con energía durante unos segundos.

Por último, incorporar con mucho cuidado las claras
montadas, mezclando de abajo arriba.

Poner a hervir dos vasos de agua y disolver en ella dos
cucharadas de café soluble.

Dejar enfriar unos minutos.

Empapar brevemente los *amaretti* en el café y disponer
una primera capa en el fondo de ochos vasos anchos.

Recubrirla con una capa de crema de mascarpone y un velo
de cacao amargo en polvo.

Repetir la operación para formar una segunda capa.

Terminar con una capa de cacao amargo.

Dejar enfriar el tiramisú en el frigorífico durante al menos
2 horas, cubriendo los vasos con film de cocina.

Variante con bizcocho

Se pueden sustituir los *amaretti* por rebanaditas
de bizcocho (ver la receta de la página 136).

galletas de pastaflora

**Ingredientes para
30 galletas:**

150 g de harina de arroz*
90 g de azúcar
**90 g de mantequilla a
    temperatura ambiente**
**70 g de harina de maíz
    ultrafina***
2 cucharadas de leche
1 huevo
1/2 cucharadita de bicarbonato
Sal

Tiempo de preparación:
50 minutos

Mezclar bien todos los ingredientes en un robot de cocina durante 1 minuto.

Compactar la masa con las manos y envolverla en un paño. Dejarla reposar en el frigorífico durante 30 minutos.

Precalentar el horno a 200 °C, con el ventilador encendido.

Estirar la masa con el rodillo hasta dejarla de 1 cm de grosor y recortar de ella las galletas con un cortapastas.

Colocarlas sobre una placa de horno previamente recubierta con papel de horno.

Cocerlas durante 15 minutos: la superficie deberá quedar dorada. Las galletas se conservan bien unos cuantos días en una lata con cierre hermético.

Estas galletas se pueden rellenar con mermelada*, para unirlas de dos en dos formando deliciosos bocaditos.

tiramisú de fruta

**Ingredientes para
8 personas:**

250 g de bizcochos de soletilla
2 naranjas
2 plátanos
5 kiwis
**250 ml de nata fresca para
    montar**
Una docena de nueces
Cacao* al gusto

Tiempo de preparación:
**30 minutos + 1 hora de
    enfriado**

Montar la nata con las varillas eléctricas; pelar los plátanos y los kiwis y cortarlos en rodajitas; exprimir las naranjas y recoger el zumo en un cuenco; pelar y picar las nueces (conservando unas cuantas enteras para decorar).

Remojar los bizcochos en el zumo de naranja y disponerlos en una fuente de servicio, preferiblemente de borde alto.

Formar una capa homogénea, colocar sobre esta rodajitas de fruta, alternándolas, recubrirlas con nata montada y espolvorear con cacao. Formar cuantas capas se desee.

Espolvorear la última capa con cacao en abundancia y decorarla con las nueces enteras reservadas.

Introducir el tiramisú en el frigorífico durante al menos 1 hora y servirlo bien frío.

galletas con pasas y piñones

**Ingredientes para
30 galletas:**

150 g de fécula de patata*
100 g de harina de maíz*
80 ml de leche
60 g de azúcar de caña
50 g de mantequilla
50 g de pasas
30 g de piñones
Crémor tártaro
Bicarbonato
1 cucharada de ron

Tiempo de preparación:
30 minutos + 1 hora de reposo

Poner las pasas a remojar durante 30 minutos en agua templada y ron.

Precalentar el horno a 180 ºC, con el ventilador encendido.

Mezclar bien todos los ingredientes en un robot de cocina, salvo las pasas escurridas y los piñones, que se incorporarán en último lugar junto con una cucharadita de crémor tártaro y otra de bicarbonato.

Envolver la pastaflora en un paño y dejarla reposar en el frigorífico durante 30 minutos.

Estirar la masa sobre la superficie de trabajo espolvoreada con harina de maíz y recortar las galletas con un cortapastas.

Recubrir una bandeja con papel de horno y disponer las galletas, dejando cierta distancia entre ellas.

Hornearlas durante 30 minutos: deben quedar doradas.

Dejarlas enfriar. Las galletas se conservan bien unos cuantos días en una lata con cierre hermético.

galletas de manzana y canela

**Ingredientes para
4 personas:**

**150 g de harina para masas
    dulces**
1/2 sobrecito de levadura*
60 g de azúcar
**1/2 sobrecito de azúcar
    avainillado***
2 huevos
100 g de mantequilla
2 manzanas
100 g de nueces o almendras
Canela en polvo*

Tiempo de preparación:
30 minutos

Trabajar los dos tipos de azúcar junto con los huevos y la mantequilla, previamente ablandada a temperatura ambiente, hasta obtener una mezcla cremosa.

Incorporar la harina y la levadura, remover bien y agregar los frutos secos picados y las manzanas cortadas en daditos.

Ir echando cucharadas de la masa en una bandeja previamente recubierta con papel de horno.

Espolvorear las galletas con canela y hornearlas a 200 ºC durante unos 15 minutos.

magdalenas de maíz con pasas

**Ingredientes para
8 magdalenas:**

150 g de harina de maíz*
125 g de yogur natural
80 g de azúcar
70 g de margarina biológica
70 g de fécula de patata*
30 g de pasas rehidratadas
2 huevos
1/2 sobrecito de levadura
    de repostería*

Tiempo de preparación:
40 minutos

Precalentar el horno a 180 °C, con el ventilador encendido.

Mezclar todos los ingredientes en un robot de cocina hasta conseguir una masa sin grumos. Por último, incorporar las pasas, previamente secadas con papel de cocina absorbente.

Introducir una cápsula de papel en cada una de las cavidades de las bandejas para magdalenas y verter en ellas la masa hasta rellenarlas tres cuartas partes de su capacidad.

Hornear las magdalenas durante 25 minutos: la superficie debe quedar dorada y firme al tacto.

Dejarlas enfriar sobre una rejilla.

magdalenas de plátano

**Ingredientes para
8 magdalenas:**

150 g de harina para masas
    dulces
60 g de margarina biológica
50 g de azúcar de caña
50 g de harina de maíz
    ultrafina*
2 huevos
2 plátanos medianos maduros
    (unos 160 g)
1/2 sobrecito de levadura
    de repostería*
Virutas de chocolate*

Tiempo de preparación:
50 minutos

Precalentar el horno a 180 °C, con el ventilador encendido.

Mezclar todos los ingredientes en un robot de cocina hasta obtener una masa suave y homogénea.

Introducir una cápsula de papel en cada una de las cavidades de las bandejas para magdalenas y verter en ellas masa hasta rellenarlas a la mitad de su capacidad.

Recubrir la superficie con algunas virutas de chocolate.

Hornear las magdalenas 30 minutos: la superficie debe quedar dorada y firme al tacto.

Sacarlas del horno y dejarlas enfriar por completo dentro del propio molde.

magdalenas de almendra

**Ingredientes para
8 magdalenas:**

160 g de almidón de maíz*
100 g de azúcar de caña
   integral
100 g de mantequilla a
   temperatura ambiente
70 g de mezcla de harinas
   sin gluten
50 g de harina de maíz*
50 g de harina de almendras
2 huevos
1/2 sobrecito de levadura para
   dulces*
Almendras laminadas

Tiempo de preparación:
50 minutos

Precalentar el horno a 180 °C, con el ventilador encendido.

Mezclar todos los ingredientes en un robot de cocina hasta obtener una masa fluida y homogénea. Introducir una cápsula de papel en cada una de las cavidades de la bandeja para magdalenas y verter en ellas masa hasta rellenarlas a la mitad de su capacidad.

Distribuir unas laminitas de almendra por la superficie de cada magdalena.

Hornearlas durante 30 minutos: comprobar que hayan leudado bien y que la superficie quede dorada y firme.

Sacarlas del horno y dejar que se enfríen por completo antes de sacarlas del molde.

bolitas de chocolate y avellana

**Ingredientes para
50 bolitas:**

200 g de chocolate negro*
100 g de harina de avellanas
80 g de margarina biológica
2 yemas
Cacao amargo en polvo*
Harina de arroz*

Tiempo de preparación:
1 hora

Derretir a fuego muy suave el chocolate negro junto con la margarina en un cacito.

Dejarlo enfriar durante 15 minutos. Incorporar las yemas a temperatura ambiente y, por último, la harina de avellanas.

Mezclar bien los ingredientes y dejarlos reposar en el frigorífico durante 30 minutos.

Para hacer las bolitas, extraer de la masa pequeñas porciones con las manos ligeramente húmedas y redondearlas. Rebozar la mitad en el cacao amargo y la otra en la harina de arroz.

corazones de vainilla

**Ingredientes para
40 galletas:**

250 g de harina de maíz
    ultrafina*
200 g de harina de arroz*
150 g de azúcar glas*
100 g de tapioca*
100 ml de aceite de oliva
    virgen extra
3 huevos
1 sobrecito de levadura
    de repostería*
1 vaina de vainilla
Harina de mandioca

Tiempo de preparación:
1 hora

Con ayuda de un robot de cocina, mezclar bien todos los ingredientes durante 1 minuto. Compactar la masa con las manos y envolverla en un paño. Dejarla reposar en el frigorífico durante 30 minutos.

Precalentar el horno a 200 °C, con el ventilador encendido.

Retomar la masa, espolvorear un poco de harina de mandioca y estirarla con un rodillo hasta dejarla de 0,5 cm de grosor. Recortar de la masa galletas con forma de corazón.

Disponerlas sobre una bandeja previamente recubierta con papel de horno y cocerlas durante 15 minutos: la superficie debe quedar dorada.

Las galletas se conservan bien unos cuantos días en una lata con cierre hermético.

dulces de cacao

**Ingredientes para
6 personas:**

125 g de maicena*
50 g de fécula de patata*
250 g de azúcar
4 huevos
50 g de cacao amargo*
150 ml de aceite de oliva
Azúcar glas*

Tiempo de preparación:
45 minutos

Mezclar los huevos con el azúcar en un cuenco y añadir, removiendo bien, la maicena, la fécula de patata, el cacao y el aceite.

Verter la mezcla en una fuente preferiblemente rectangular y recubierta con papel de horno.

Hornear el dulce a 180 °C durante 30 minutos, dejarlo enfriar y cortarlo en cuadraditos.

Disponerlos en una fuente para servir y espolvorearlos con azúcar glas.

Para que el sabor sea más delicado, se puede utilizar aceite de maíz en lugar de aceite de oliva.

brownie de chocolate y nueces

**Ingredientes para
6-8 personas:**

240 g de azúcar
**170 g de harina para masas
    dulces**
**150 g de margarina biológica
    a temperatura ambiente**
150 g de chocolate negro*
50 g de nueces pelada
40 g de cacao amargo*
3 huevos
1 vaina de vainilla
1/2 cucharadita de bicarbonato
Sal

Tiempo de preparación:
1 hora

Precalentar el horno a 175 °C, con el ventilador encendido.

Derretir la margarina con el chocolate y el cacao en polvo en
un cacito; dejar enfriar.

Batir bien los huevos y el azúcar con unas varillas y luego
añadir la mezcla de chocolate.

Cortar la vaina de vainilla a lo largo, extraer las semillas
y agregarlas a la mezcla.

Incorporar la harina mezclando bien. Por último, agregar las
nueces troceadas y una pizca de sal.

Verter la masa en una bandeja recubierta de papel de horno
y cocerla durante 30 minutos: la superficie debe quedar bien
dura al tacto.

Dejar enfriar completamente el *brownie* y luego cortarlo en
rectángulos.

cuernos de chocolate

**Ingredientes para
6 personas:**

150 g de harina
50 g de fécula de patata*
50 g de maicena*
15 g de levadura fresca
4 huevos
40 g de azúcar
125 g de mantequilla
**150 g de crema de chocolate
    para untar***
Sal

Tiempo de preparación:
**50 minutos + 40 minutos
    de leudado**

Batir tres huevos con el azúcar y una pizca de sal, y verter
la mezcla en una máquina panificadora. Tamizar las harinas
y la fécula y agregarlas a los huevos en la amasadora.

Desmenuzar la levadura y activar el programa de amasado
y leudado; en cuanto los ingredientes empiecen a
amalgamarse, incorporar la mantequilla troceada y
previamente ablandada a temperatura ambiente: la masa
debe quedar blanda pero elástica. Sacar la masa de la
máquina, trabajarla con las manos y estirarla con el rodillo
hasta dejarla de un grosor de 4-5 mm.

Cortarla en triángulos de unos 20 cm de ancho y 15 cm de alto
y untarlos con crema de chocolate.

Enrollar cada triángulo sobre sí mismo, partiendo del lado
más largo y manteniendo el vértice en la parte de abajo.
Luego dejarlos leudar a 40 °C hasta que dupliquen su
volumen. Entonces untarlos por encima con la clara del huevo
restante y hornearlos a 180 °C durante 15-20 minutos.

gelatinas de pera

**Ingredientes para
20 gelatinas:**

230 ml de agua
200 g de azúcar
3 peras williams (unos 600 g
    una vez peladas)
3 cucharadas de agar-agar
    en polvo
1 vaina de vainilla
Azúcar para rebozar

Tiempo de preparación:
1 hora + 2 horas de enfriado

Pelar las peras, quitarles el corazón y trocearlas.

Mezclar en una cazuela las peras con el azúcar, el agua y la vaina de vainilla cortada a lo largo. Poner los ingredientes a hervir y dejar que cuezan a fuego lento durante 30 minutos.

Cuando la pulpa de la pera esté blanda y el agua se haya evaporado, pasar todo por la batidora.

Volver a poner a cocer el puré resultante y añadir el agar-agar.

Hervir los ingredientes durante unos minutos más y verter la mezcla en moldecitos individuales.

Dejar que la gelatina cuaje a temperatura ambiente y luego introducirla en el frigorífico un par de horas para que termine de solidificarse.

Desmoldar las gelatinas y rebozarlas en abundante azúcar.

bocaditos de pasta choux

**Ingredientes para
100 bocaditos:**

100 g de harina para masas
    dulces
100 ml de agua
50 g de mantequilla
2 huevos
1 cucharada de azúcar glas*
Sal
Nata o crema pastelera*

Tiempo de preparación:
40 minutos

Verter el agua, la mantequilla y la sal en un cacito y ponerlo al fuego. Cuando rompa a hervir, retirarlo e incorporar la harina, removiendo con unas varillas. Volver a poner el cacito al fuego y cocer la mezcla a fuego lento durante unos minutos sin parar de remover. Dejar que se enfríe por completo.

Luego, añadir a la mezcla los huevos enteros, uno a uno, y el azúcar, removiendo bien con las varillas hasta obtener una pasta homogénea y ligeramente pegajosa. Introducirla en una manga pastelera con una boquilla lisa y redonda.

Cubrir una bandeja con papel de horno e ir depositando encima montoncitos de masa de unos 2 cm, bien separados entre sí. Hornearlos a 220 °C durante 15 minutos: los bocaditos deben inflarse bien y adquirir un suave tono dorado.

Son perfectos para acompañar cremas dulces o para rellenarlos con nata o crema pastelera.

índice de las recetas